Dig in: Outdoor STEM Learning with Young Children

幼儿园户外STEM学习

[美]利娅·安·克里斯滕森　珍妮·詹姆斯 / 著
（Lea Ann Christenson）　（Jenny James）

马喆超 / 译

图书在版编目（CIP）数据

幼儿园户外STEM学习／（美）利娅·安·克里斯滕森（Lea Ann Christenson），（美）珍妮·詹姆斯（Jenny James）著；马喆超译.—北京：中国轻工业出版社，2024.10（2025.8重印）

ISBN 978-7-5184-4992-7

Ⅰ.①幼… Ⅱ.①利… ②珍… ③马… Ⅲ.①科学知识－教学研究－学前教育 Ⅳ.①G613.3

中国国家版本馆CIP数据核字（2024）第110515号

版权声明

Dig in: Outdoor STEM Learning with Young Children © 2022 Lea Ann Christenson and Jenny James. Original English language edition published by Gryphon House Inc. P.O. Box 10 6848 Leons Way, Lewisville North Carolina 27023, USA. Arranged via Licensor's Agent: DropCap Inc. All rights reserved.

保留所有权利。非经中国轻工业出版社"万千教育"书面授权，任何人不得以任何方式（包括但不限于电子、机械、手工或其他尚未被发明或应用的技术手段）复印、拍照、扫描、录音、朗读、存储、发表本书中任何部分或本书全部内容（包括但不限于光盘、音频、视频等）。中国轻工业出版社"万千教育"未授权任何机构提供源自本书内容的电子文件阅览、收听或下载服务。如有此类非法行为，查实必究。

责任编辑：牟 聪　　责任终审：张乃柬
策划编辑：高 君　　责任校对：刘志颖　　责任监印：吴维斌

出版发行：中国轻工业出版社（北京鲁谷东街5号，邮编：100040）
印　　刷：三河市双升印务有限公司
经　　销：各地新华书店
版　　次：2025年8月第1版第2次印刷
开　　本：710×1000　1/16　印张：9.25
字　　数：115千字
书　　号：ISBN 978-7-5184-4992-7　定价：52.00元

读者热线：010-65181109
发行电话：010-85119832　010-85119912
网　　址：http://www.chlip.com.cn　http://www.wqedu.com
电子信箱：1012305542@qq.com

版权所有　侵权必究
如发现图书残缺请拨打读者热线联系调换
251345Y1C102ZYW

译者序

享受"失控"的乐趣，让孩子爱上自然与户外

在孩子的成长旅程中，我们时常为了给予他们最佳的教育和环境而不遗余力。然而，当我们不断追求"一切尽在掌握"的教育理念时，我们是否意识到了一种更为珍贵的体验——"失控"的乐趣？

当我翻阅这本书的英文原书时，心中涌起了一股喜悦和共鸣。仿佛我和本书作者站在同一条船上，希望看到更多的孩子在户外与自然中尽情地成长。这并不是一本传统意义上的教育手册，而是一次对教育本质的深刻思考，一次与自然和户外亲近的邀请。

在很多时候，我们将 STEM[①] 教育视为一种拼盘——将科学、技术、工程和数学拆分开，而忽略了体验的整体性。本书提出的"失控"理念，呼吁我们重新审视课堂管理的实践是否真正符合孩子成长的最佳方式。孩子们不仅需要知识，更需要创造力和批判性思维，而这些品质往往在自由探索的过程中得以培养。

"学习生命周期"（Learning Life Cycle）的概念贯穿全书，并将教育与植物的成长过程相类比。从体验的种子开始，到好奇心的发芽，再到 STEM 学习和创意的表达，每一个阶段都是孩子成长的重要组成部分。而在这个过程中，松弛而充满变数的自然环境，成了孩子们探

[①] 科学（Science）、技术（Technology）、工程（Engineering）和数学（Mathematics）四门学科英文的首字母缩写。——译者注

索世界的最佳舞台。

全书中有很多耐人寻味且生动的案例。天空真的是蓝色的吗？如果教师只为孩子提供蓝色的纸张，而不是带孩子去观察真实的天色变化，那么孩子将无法看到夕阳西下的绚烂，无法感受天空的色彩斑斓。南瓜里到底装着多少粒种子？当真实的南瓜被切开，孩子们亲手查点种子并装满多个纸杯的时候，他们才会感受到种子的数量。当他们在户外看到整个南瓜腐化的过程，各种昆虫以南瓜为食时，他们才能更加深刻地理解大自然生命循环的神奇。

除了生动的案例，读者还有机会跨越不同时代，与原住民以及学前思想家（教育家和心理学家）共同思考孩子、教师与土地的关系。

孩子是谁？教师的角色是什么？土地的作用又是什么？

原住民对于这些问题的思考对我格外有启发，他们将孩子视为天生强大、平等的社会成员。孩子需要坦诚而真实的沟通，而不是夸张或者刻意幼稚的做作行为。

除了原住民的观点，作者也涵盖了很多著名思想家的思考，其中包括杜威、维果茨基，也有瑞吉欧之父马拉古奇等。

当然，作者也给每一位读者以忠告——不要过于相信他人的看法，永远带着自己的思维方式去思考。这个世界不只有黑白与对错，而是复杂且混沌的。在阅读全书的过程中，你除了能感受到思考的喜悦，也能重新理解室内外空间的关系。它们不再是独立的，而是互补且关联的。

如果你不是一位很激进的教师，或者你对户外 STEM 依然心存顾虑，那么这本书提供了一个折中的方案——"将户外引入室内"。你可以在教室里展示孩子散步时捡到的落叶、树枝与石子。孩子与同伴之间同样会产生好奇、协作和创造。

当然如果你是一位热爱自然与户外探索的教师，并且你所在的园所有这样令人兴奋的空间，那么这本书也提供了非常具体的策略。你可以把户外空间想象成一间巨大的教室，把户外分为建构区、科学区及艺术区等区域。孩子可以从一个相对小而安全的空间里开始，产生体验与好奇。

另外，作者在解释 STEM 定义的过程中，重点强调了其对"技术"的理解。在传统意义上，我们往往认为在教室里使用计算机、平板电脑这些高科技设备相当于使用了"技术"。

其实不然，作者强调只有"技术"被用在解决问题的真实过程中，才能被称为使用了"技术"。如果孩子只是使用电子屏幕观看视频，这并不能算作技术的使用。但如果孩子在观察蝴蝶的过程中，为了看清蝴蝶身上的花纹，使用放大镜去查看更多的细节，那么即使放大镜不是高科技设备，这种行为依然可以算作使用了技术。

由于译者序的篇幅有限，我无法一一详述书中的精彩内容。总体而言，我觉得它不仅仅是一本户外 STEM 教育的指南，更是一次对教育理念的革新。作者通过深入的研究和生动的案例，向我们展示了户外教育的无限可能。从丰富多彩的户外学习到 21 世纪的技能培养，再到园长、教师和家长的合作共赢，每一个章节都是对教育传统的挑战和重构。

最后，我想强调的是，本书并非一劳永逸的解决方案，而是一次启发性的探索。每一位读者都应该保持批判性的思维，不断反思自己的教育实践，以及对于教育理念的认知。因为只有在不断探索与思考中，我们才能更好地为孩子们铺设一条通向未来的道路。

马喆超

2024 年 4 月 24 日

原著序

让我们分别介绍一下自己。

我是利娅·安·克里斯滕森（Lea Ann Christenson），目前担任美国马里兰州陶森大学学前教育系的副教授。我的教育生涯始于在加利福尼亚州圣克鲁斯山区的一所公立幼儿园担任教师。在 STEM 这个词流行之前，我们幼儿园以生活化课程与花园课程等实验性课程为特色，为孩子们提供丰富的动手操作机会，覆盖科学、技术、工程、数学等多个学科领域。在搬到马里兰州之前，我曾担任第二语言教师，教授一年级和二年级儿童英语，并在一所小学里担任过校长助理。在马里兰州，我取得了课程与教学的博士学位，专注于研究儿童早期读写。在过去的 10 年里，我有幸与美国、丹麦、萨尔瓦多、津巴布韦、尼泊尔和中国的教育工作者合作进行研究，并为他们提供专业培训。

我是珍妮·詹姆斯（Jenny James），一位幼儿教育的倡导者、作家，同时担任马里兰州某一所幼儿园的园长。每天，我在管理幼儿园时都会运用 STEM 的相关技巧。在长达 40 年的职业生涯中，我曾在家庭托育中心担任助手，也在多个幼儿园和托育中心担任过教师，还担任过家庭咨询师和幼儿园资源及转介中心的项目经理。我还曾担任马里兰州幼儿园的培训师和协调员。我努力激发教师发掘内在创造力，这种自发的能量有助于他们创造令人兴奋的学习体验，使他们自己和孩子都能铭记于心。我对户外学习的热爱源自小时候的经历，那时我喜欢将水、落叶和烂泥混在一起，假装它们是药水。我依然记得那种创造新事物、使用大人才能用的工具时的自豪感，那时我感觉自己在做一件非常重要的事情。在我的职业生涯中，我观察到户外活动能够给孩子和成人带来改变。我坚信，在教师的支持和引导下，由孩子主导的游戏会带来更深刻且愉悦的学习体验。我也想与本书的读者分享这种乐趣。和许多读者一样，我热爱教学、教师、孩子及其家庭。很多教师认为，是他们对孩子的爱、自身的创造力或者改变现状的愿望，激励他们选择这份职业（Karakis，2021）。然而，研究表明，很多教师对于将 STEM 元素加入课程缺乏自信、兴趣寥寥（Adams et al.，2014）。由于对科学、技术、工程和数学领域教学的不确定感，再加上户外教学的不可预测性，很多教师更愿意选择室内教学。我们希望破除这些障碍，让教师愿意深入研究 STEM，从而更愿意采用 STEM 教学。

当我们分享户外 STEM 教学如何被过去和现在的关注儿童早期发展的哲学家和教育家推崇时，教师们就会发现这种学习的魅力！我们希望这本书能激发教师更平等地看待户外 STEM 教学，将它与积木搭建、艺术探索和角色扮演游戏一起融入大多数班级孩子的日常体验。

我们认为，如果重新调整 STEM 课程设计，使相关活动更适合在户外进行，那么对教师和孩子来说，这些体验都会变得更有趣。然而，如果你有机会询问教师开展户外活动的次数，那么大部分教师可能会告诉你这并不经常发生。这是为什么呢？因为大家喜欢"一切尽在掌控"的感觉。教师们所受到的培训就是在室内要控制材料选择、教室布置、时间规划，甚至控制活动的混乱程度。通常，我们把这称为"良好的教室管理"。很多幼儿园管理者会赞扬这种有序的管理，但其中一些人可能并不明白，这并不一定是对孩子的学习最有益的方式。有经验的教师知道如何在保持班级秩序的同时，提供真实的探索机会。然而，在更多时候，教师们更倾向于追求控制所带来的舒适感，从而错过了让孩子主导、让课程"失控"的机会。

你是这些教师中的一员吗？那么，恭喜你找到了知音！实际上，所有教师都会经历类似的纠结与焦虑：如何在让孩子自由探索与达到教学标准、通过"入学准备"测试、遵守课堂纪律之间寻求平衡？回想一下那些"失控"的教学经历吧。也许是正好下雪了，操场上飘落的雪花让你丢失了本来在课堂上认真听讲的小听众。又或许是你正在上数学课的时候，有孩子在教室里发现了一只蜘蛛。这些瞬间，非常考验教师的随机应变能力。如何将孩子们的好奇心融入课堂？如果不按你原来的计划上课，而是抓住这些偶然的学习机会教他们所需的技能，会发生什么呢？这些契机也更容易发生在户外，因为户外学习更加贴近现实、更加有价值，同时也与孩子们的好奇心紧密相连。你对雪有什么样的好奇？我们怎样才能找到答案？蜘蛛有几条腿？让我们一起数一数。

对于教授孩子 STEM 而言，教师需要具备调整课程和随机应变的能力。同时，他们也需要对未知充满好奇和热爱。如果你选择这份职业是因为你热爱孩子，并且对这个世界充满好奇，那么恭喜你，你即将成为一名出色的户外 STEM 教师。

这本书是如何展开的？

你是否能够在达到教学标准的同时，培养出具有思辨能力、善于合作、懂得沟通并热爱创造的学习者呢？当然可以！基于我们对孩子、教师、家长、社区居民以及实习生等各个方面的综合了解，我们为教师和园所管理者提供了非常适用的户外 STEM 教学工具，帮助你培养具备 21 世纪技能的学习者。

在第一章，我们将介绍户外学习的丰富性，以及大自然为幼儿的 STEM 探索活动提供的独特机会。在第二章，我们将分享一个名为"学习生命周期"的户外学习框架。在第三章，我们将探讨学前领域的思想家如何支持户外学习，并展示认识事物的原始方式与当前盛行的学前理论之间的联系。

在第四章，你将了解如何通过户外教育撒下体验式学习的种子。我们将聚焦于幼儿园最常开展的主题活动，展示如何将这些活动移至户外，或者将大自然引入室内，从而提供更为真实的 STEM 学习体验。在第五章，我们将展示如何将一个简单的观察活动转变为由儿童主导的对环境类话题的研究，并持续研究数周。我们将与你共同探讨 21 世纪技能，如批判性思维、协作、沟通和创造力，从而让你更有信心地在课堂上增添奇思妙想。在第六章，我们将启发你把创造户外 STEM 学习体验转变为你独有的教育方式，或者用简单常见的材料将户外活动移至室内。我们将展示教师在室内外支持儿童进行真实学习活动的案例，涉及日记、图表、分类、配对等。

户外学习并非要求完美的户外空间。我们更强调的是在教学过程中，教师有意识地融入自然环境。在 STEM 教学领域和自然环境中，教师也更适合教授读写、批判性思维等技能。此外，户外 STEM 教学

为那些原本没有机会接触这个领域的儿童打开了一扇大门，让他们在早期阶段就有机会接触相关学科，从而看到自身的潜能。在第七章，我们探讨了在开设户外课堂时，沟通和利益相关者的参与非常重要。在第八章，我们分享了丰富的实操策略和技巧，帮助教师最大限度地拓展儿童在户外进行 STEM 学习的可能性。

在附录中，我们提供了一些工具，能够帮助你调整课程或主题，支持儿童进行户外学习。在本书的最后，我们还提供了一些资源，以便你能够找到更多关于户外学习的灵感。准备好了吗？让我们开始探索吧！

目 录

第一章　丰富多彩的户外学习 // 001

第二章　学习生命周期 // 009

第三章　伟大的思想家以及儿童、教师、土地的关系 // 025

第四章　播撒体验式学习的种子 // 049

第五章　让好奇心生根发芽：21 世纪技能 // 061

第六章　在户外学习生命周期中发掘 STEM // 067

第七章　阳光雨露让花园生机勃勃——园长、教师、家长与利益相关者 // 085

第八章　让户外课堂成为现实 // 099

附　录 // 117

    附录 A　关于四个 C 的自我评估 // 117

    附录 B　户外单元计划 // 121

参考文献和相关资源 // 125

第一章

丰富多彩的户外学习

户外学习是对孩子全面发展的尊重

STEM学习中天然的不可预测性与户外环境高度契合。学习者会全身心地投入户外运动。他们所有的感觉都会被调动起来，包括：本体觉（身体在空间中的感觉）、前庭觉（平衡）、听觉、视觉、嗅觉、味觉和触觉（顺便提一句，这些感觉能力的发展是读写技能萌发的前兆。我们稍后会详细地介绍这些内容）。户外活动自然需要幼儿之间的团队合作，他们一边运动，一边分享自己的想法。有些孩子可以轻松地用语言交流想法，而另一些孩子更愿意通过运动来参与，这种情况发生在户外更容易被接受，也更真实——想想你在课堂上苦苦要求他们遵守纪律的时候。对于开展户外活动，也许你会犹豫不决，因为你觉得这样就失去了对孩子的控制。其实不然。当孩子真正参与由自己主导的课堂，并且认真投入运动的时候，情况恰恰相反。理查德·洛夫（Richard Louv）在他的专题文章《全纳性的户外活动：亲近自然是人的权利》（Outdoors for All: Access to Nature Is a Human Right）中阐述了以下观点。

越来越多的研究发现，与大自然接触可以减轻儿童的注意缺陷多动障碍，有助于预防或减少儿童的肥胖、近视问题和维生素

D缺乏症。研究还显示，沉浸在大自然中可以改进儿童的社交关系，减少儿童的暴力行为，激发儿童的学习和创造力，也有助于提高儿童的标准化考试成绩，并在应对毒性压力、抑郁和焦虑方面起到缓冲作用。

将课堂搬到户外还能减少刺耳的噪声——当孩子专注学习时，室内可能变得喧闹，而这些噪声可能成为一些学习者（包括教师在内）的障碍。户外课堂允许孩子们提高音量、活动起来，也能让更多的孩子展现出他们在运动、语言、艺术和科学领域的特长。户外环境将挑战那些久坐学习者的身体素质，同时激发好动儿童的兴趣。

户外体验为不同能力的孩子提供了更多的空间，让他们有机会展示自己的见识，并激发他们积累更多的知识。这些体验自然生成更为个性化的教学方式，无论是不同能力的孩子还是第二语言学习者都有机会展现自己的长处。户外课堂注重动手操作和真实体验，不再以英语能力的好坏决定孩子能否成功。

户外探索与语言学习

通过动手操作而不是被动听讲，孩子们能够建构概念性知识，掌握学术词汇，而这些是批判性思维和读写能力的基础（Shechter，Eden，& Spektor-Levy，2021）。例如，当孩子们在户外玩水，并在泥地里搭建桥梁、护城河和水坝时，他们可能尚未掌握与所搭建的事物相关的词汇，但是他们对于每一种搭建物如何影响水的流动有着概念性的理解。只要有经验的教师加以引导——描述孩子们正在做的事情并补充学术词汇，就能让所有孩子理解其中蕴含的基本原理。

通过这些活动，双语学习者会习得这些概念性知识，并随着英语变得更加流利而掌握其中的词汇。动手操作有助于儿童建构概念性知识，并进一步提升语言能力。掌握丰富的学术词汇并理解这些词汇在真实世界中意味着什么的孩子，更容易在未来取得学业上的成就（Ramsook，Welch，& Bierman，2020）。户外课堂就是通往这一成就的路径之一。

户外探索与社会情绪学习

户外探索的机会同样有益于儿童的社会情绪学习（Social-Emotional Learning，SEL）。与最近主张学前教育应该通过使用作业本和机械练习来强化学科教学的观点不同，大量学术研究都支持将社会情绪学习纳入教育活动中（Mahoney，Durlak，& Weissberg，2018）。随着人们对孩子情绪健康的关注不断增加，许多幼儿园和学校都开展了促进儿童社会情绪学习的项目。然而，如果社会情绪学习仅仅局限于某个单元的学习，可能很难取得成效，社会情绪学习应该融入孩子的日常生活。社会情绪学习的最重要组成部分，如自我意识、自我管理、社会意识、社交技能以及做出负责任的决定等（Durlak et al.，2011），都可以通过户外STEM学习得以实现。

社会情绪学习旨在培养孩子更自信、具有解决问题的能力、能够从错误中学习以及善于与他人合作。在阅读本书的过程中，请牢记社会情绪学习的这些原则，并思考那些促进儿童社会情绪学习的活动是如何提升孩子的批判性思维技能并符合课程标准的。

户外学习与幼儿园课程标准相辅相成

在过去的 20 年里,美国的幼儿园教学逐渐趋向"问责制",要求确保每个孩子都不会被落下。这就导致课程以评估标准为导向,也导致教师采取不适合孩子的教学方法。曾经针对一、二年级孩子的要求,现在很多情况下都被应用于 4 岁孩子。然而,好消息是开展户外学习活动是一种既符合标准又具有发展适宜性的方式。

如同室内教学一样,在开展户外教学时,教师需要理解课程标准和目标,才能根据儿童的兴趣调整课程。对于那些初次尝试户外教学的教师来说,确实需要一个计划,但更为重要的是想方设法地引导孩子通过STEM学习来探索自己的兴趣,满足自己的好奇心。实际上,教师可以通过引导孩子了解户外学习环境,向他们展现STEM学习的重要性。此外,户外教学还覆盖了社会学、音乐、艺术等学科领域要求儿童必须获得的基本技能,并且让儿童积极参与对环境的研究。

读写能力习得

对于学前阶段的课堂而言,读写是最为重要的领域之一。然而,人们对学前阶段的读写教学方式存在很深的误解。在过去的20年里,

学前阶段的读写教学更多地集中在死记硬背上,这种方式缺乏学术支持。那么,什么才是发展读写能力的最佳实践呢?你可能没有想到,其实这与大肌肉运动有关。

心理学家让·皮亚杰(Jean Piaget)构建了一套理论来解释孩子的智力是如何发展的。他的认知发展理论指出,孩子的运动发展会促使他们探索这个世界,实际上,这种探索是获得新发现的关键(Huitt & Hummel, 2003)。最近的研究也验证了这些观点,研究发现精细运动能力和大肌肉运动能力的发展与读写能力的习得存在相关性(Alesi et al., 2014, 2016; Callcott, Hammond, & Hill, 2018; Zeng, 2017)。例如,在指读时,孩子能够理解书籍印刷的基本概念,了解看书时阅读的顺序。而孩子抓握能力的发展也促使他们在未来能够抓握书写工具。精细运动能力与大肌肉运动能力的发展是读写能力的基础,而幼儿可以在户外的玩耍中锻炼这些能力(Battaglia et al., 2019)。大自然提供了丰富的机会,可以培养孩子们的精细运动能力和大肌肉运动能力,因为孩子们天生喜欢奔跑、跳跃、触摸、捡拾,以及探索和发现。户外课堂大大增加了这样探索的机会。

口语发展

口语能力是阅读和写作的基础。研究发现，词汇量相对丰富的孩子在长大后拥有更强的阅读和写作能力（Chang et al., 2020; Reed & Lee, 2020）。教师需要在一天中为孩子们提供充足的时间，让他们根据自己感兴趣的话题进行深入交谈，而不是听教师说教。教师还需要为孩子搭建脚手架，帮助他们加深理解。在口语的学习中，善于倾听和表达是至关重要的。基于兴趣的动手操作机会为孩子们提供了有趣的话题和概念性知识，使他们能够互相讨论或与教师交流。STEM 课程为孩子们提供了足够的机会记录数据，并通过口头演讲的方式展示他们的发现。

不同时期的大量研究都显示，对周围世界有更丰富和深入的理解，有助于孩子在高年级和成年后成为更好的阅读者。通过这些理解，每个人都有机会掌握大量的学术词汇（Duff, Tomblin, & Catts, 2015）。阅读并不单单是解构单词的能力，它更是一种在理解和批判性思考所读到的内容后，将这些知识应用于生活的能力。那些在现实生活中有丰富的动手操作经验的孩子，往往能够更好地理解这个世界，并用语言描述他们对于世界的看法。

镜子和窗户

鲁丁·西姆斯·毕晓普（Rudine Sims Bishop）在谈到选择多元文化书籍时提出了镜子和窗户的概念。她在文章中强调，书籍应该成为镜子，映射出孩子们的文化，也应该成为窗户，向孩子们展示其他的文化（Moller, 2016）。她提出，书籍应该如推拉门般，让孩子进入故事，成为作者为其创造的世界的一部分（Moller, 2016）。

与书籍一样，户外活动可以为年少的科学家们提供镜子和窗户。当教师在户外环境中备课，并准备好反映每个孩子情况的材料时，他们就向孩子们展示了一扇通往更广阔世界的窗户。通过实践活动，孩子们可以真正走进那个世界。这样，所有孩子都能培养自我效能感，并将自己视为创新者和问题解决者，用语言来描述和分享自己的想法。

图式

皮亚杰等人认为，儿童通过创造图式来理解世界是如何运作的。图式是一种用来解释我们所观察到的事物的结构。学习者围绕图式学习学术词汇。例如，在开展关于消防员的项目后（见第四章），孩子们会围绕消防员所做的事情建立图式，并且使用词汇描述消防员的行为。此后，当孩子们再次阅读关于火灾或者消防的书籍时，他们会链接这些与消防员相关的图式，并且回溯所有在实践中学习的经历。

无论学习内容是关于消防员、天气、童话故事的，还是关于蝴蝶的生命周期的，所有的学习都表现为建立图式和通过词汇来描述它们。如果不在情境中记忆词汇，那么它们很容易被快速遗忘，也就没有什么作用。如果孩子们有机会围绕教师推荐的主题进行户外学习，那么他们就能在语境中学习新词汇。这一过程将使他们日后成为更好的读者。

第二章

学习生命周期

户外 STEM 学习是我们所说的"学习生命周期"的一个组成部分。这个生命周期包括四个阶段。

- **户外体验**：种子
- **好奇**：根
- **STEM**：支撑植物生长的茎
- **创意表达**：花、叶、果实

"学习生命周期"是教师在设计户外课程时的指南，有助于孩子们更好地游戏与探索。我们看到孩子们的好奇可以激发他们进行更深入的学习，因此我们希望激励你在自己的项目中找到这些好奇。最好在有意义的情境中开展 STEM 教学，我们会向你展示自然与户外游戏如何将 STEM 学习融入情境。同时，要探索儿童如何利用语言艺术、社会学习以及创造性艺术来表征和分

学习生命周期

为了教师和儿童

从播种开始：
教师提供体验

以好奇为根：
从体验中生发的问题
根系在有营养的土壤中生长。学习者需要良好的土壤，使他们的问题生根发芽。

以STEM为茎：
科学、技术、工程和数学
植物的茎支持其系统性地成长。STEM激发好奇，并利用这些好奇促进新想法的萌生、探究和发展。

花、叶、果实：
语言艺术、美术、社会学习、音乐
从STEM和自己的经历中收获多样化的知识。

阳光和雨露：
教师/家长/保育者
他们也许是学习生命周期中最重要的部分，就像是照料这个花园的园丁们。

更多的种子：
从STEM学习中获取的真实体验
儿童重新开始好奇，整个学习生命周期重新开始。

享他们新掌握的知识。把"学习生命周期"作为参考,你会更好地理解每个儿童当下的学习状况。你将学会如何让儿童经历"学习生命周期"四个阶段中的每一个阶段,从而使户外学习更为深入。每个儿童会在不同的时间进入这些阶段,这取决于他们在户外体验的方式。教师的角色是指导者和引导者。想一想:"今天我为儿童提供了什么体验?""我是否给孩子们充分的时间思考?"当孩子们有机会接触户外与自然,并得到教师的支持时,他们将成为"学习生命周期"的积极参与者。

户外学习有其独特的节奏。与几乎每天一成不变、不随四季变化的室内环境不同,户外环境一直在变化,它持续为孩子们创造新的挑战与机会。教师需要帮助这些年轻的学习者跟上户外学习多变的节奏。有了基于 STEM 标准的课程计划,教师就可以让孩子们更加关注他们在自然环境中的体验。这些体验,无论是教师主导的还是幼儿主导的,都指向"学习生命周期"的第一个阶段。

体验:种在肥沃土壤里的种子

"学习生命周期"的第一个阶段是在土壤里种下种子并让其长出粗壮的根系。这些种子——户外的学习体验——有助于促进孩子们主导活动,并尊重孩子们的全面发展,鼓励他们在有限的条件下勇于冒险。在玛丽亚·蒙台梭利(Maria Montessori)的《发现孩子》(*The Discovery of the Child*)一书中,有一篇关于自然教育的文章,该文章以儿童收获谷物或葡萄为例,称这些体验让孩子们感受到了"播种的神秘魅力"(Montessori,1950,2013)。事实上,一旦你开始收获自己的劳动成果——儿童不可思议的"啊哈"时刻——你就会明白是什么激励着教师们播下户外体验的种子。以"学习生命周期"为理念设计的课程可以在室内进行,但如果将其移至户外,就会更自然、更符合逻辑。

从教师主导到孩子主导的体验

在一间传统的幼儿园教室里,当你走进教室时,正面迎接你的可能是一整块墙,上面贴满了孩子创作的比较统一的企鹅形象,这些企鹅有着漂亮的大眼睛,这些作品是对冬季单元教学的总结。试想,如果我们换一种方式,当教师与孩子讨论完冬季动物的皮毛后,为孩子提供不同材质和纹理的艺术材料,那么每个孩子是否能创造出属于自己的作品?这样,教师就能抵挡诱惑,避免为幼儿呈现范画,因为这些范画往往传递刻板印象。我们知道让教师彻底放弃这些职业习惯是很难的,所以我们依然允许一部分大眼睛的企鹅或者用棉球做的可爱兔子作品。这些作品虽然看上去很可爱,但是它们几乎没有给制作这些作品的孩子留下想象或者创造的空间。教师可以扪心自问:"这个活动体现了谁的聪明才智?"如果答案是教师自己,那么这个活动就

可能过于由教师主导了。

　　教师主导的活动有时可能会限制儿童批判性思维的发展。例如，如果你只让儿童用蓝色的纸来表示天空，实际上就是在强化"天空就是蓝色的"观念。但是，真的只有蓝色的天空吗？通过提供不同颜色的纸张，你为孩子提供了进行批判性思考的机会，他们可能会探索天空是否有不同的颜色。在这里没有固定的规则，比如，你并不一定要用蓝色的纸来表示天空，或者在一角画一个微笑的太阳。如果给予孩子自主选择天空颜色的机会，那么他们可以选择粉红色、橘色和黄色，因为他们想要描绘夕阳西下的景象。这难道不比每个人都用蓝色来描绘天空更加富有智慧吗？这个简单的选择为幼儿提供了一个全新的学习机会，让人思考天空颜色变化的原因——你可能从未想过为什么天空会变色。你创造的这种体验就像是在肥沃的土壤里播撒种子。关于天空颜色的变化，有太多值得学习的内容。

　　之前提到的手工活动是典型的幼儿高度受控的室内活动。与此相反，户外活动更具生成性。孩子们需要不断应对环境中的变化，并做出反应和调整。因此，户外活动自然地促进了孩子的批判性思维能力。然而，教师仍然需要制定目标和规划体验活动，以满足儿童的需求。也许你会好奇：教师如何规划一个具有生成性的体验活动？（如果规划，这种体验活动是否还是生成性的？预设和生成不是自然矛盾的吗？）一个由孩子主导的体验活动并不意味着教师不参与。事实上，教师需要更多地参与。教师需要更多地关注孩子们在户外环境中的发展，然后挖掘可以进一步探索的话题。整体的活动体验是教师精心策划的，但儿童与材料的互动方式和产生的点子是生成的。这将使你看到孩子们合作创造一个新的游戏，比如收集橡子炖橡子汤。你是否为孩子们创造的东西感到惊讶？户外体验会带来非常大的惊喜——这种惊喜会让教师和孩子为自己的工作感到骄傲。这些体验对于真正的"啊哈"时刻是至关重要的。

接下来的一个例子展示了户外学习是如何自然生发的，教师只是提供了充足的户外游戏时间。

罗丝老师通过让孩子们进行户外探索和游戏，提供了有益的学习体验（播下学习的"种子"）。当罗丝老师观察操场上的情况时，她发现4岁的亚历克莎正在玩木屑和树枝。罗丝老师走近观察，发现亚历克莎的游戏是有意的。亚历克莎正在考虑如何帮助蚂蚁穿越水坑（她的这些体验正埋下好奇的"种子"）。亚历克莎向罗丝老师解释，她正在为蚂蚁搭建桥梁。这个问题也促使亚历克莎像工程师一样使用问题解决策略去摊平木屑（STEM学习支持这种想法）。罗丝老师描述了亚历克莎正在使用的STEM技巧，并说："看上去你正在建造一座桥，这样蚂蚁就不用绕着水坑走了！"亚历克莎生动地讲述了关于操场上的蚂蚁的故事，以及它们过桥的冒险经历。罗丝老师拍摄了一张蚂蚁桥的照片，并邀请亚历克莎口述这个故事，以便她可以将其录下来。在接下来的家长会上，罗丝老师与亚历克莎的家人分享了这段录音，展示了亚历克莎丰富的想象力，并解释了亚历克莎如何通过游戏达到STEM标准。

在罗丝老师的活动中，STEM的应用引发了关于蚂蚁和它们在操场上冒险的有趣故事（代表了"植物"的花和叶，或者学习生命周期中的"创意表达"）。在这种松弛但很有效的方式下，罗丝老师能够观察到亚历克莎达到了马里兰州对幼儿科学领域的学习设定的标准。该标准指出，儿童将展示科学实践中蕴含的思维和行动能力（Maryland State Department of Education，2003）。她也观察到儿童使用简单的工具和不同的材料创造东西。幼儿教师如果能抓住为蚂蚁搭桥这样的瞬间,就会发现儿童正在以有意义的方式达到州标准,远远超过他们的预期,而这一切都源于那些令人好奇的经历。

好奇:发现的根源

儿童今天在户外经历了什么?昨天我们玩的泥巴去哪儿了?怎么可以得到更多的泥巴?怎样可以把这些树叶移到那块大岩石上?你觉得蝉为何可以倒挂着?谁挪动了那个在树林中的苹果?所有的这些问题都传达出好奇,这就是一切探索和发现的根源,这也指向"学习生命周期"的第二个阶段。

沟通是儿童在这个阶段要学习的非常重要的技能,这也是英语语言艺术的核心。高年级的成熟阅读者往往从童年开始就有非常丰富的体验和学术词汇(那些用来描述主题和话题的词汇)的积累。户外活动是幼儿通过提问进行交流和培养基本读写能力的天然渠道。

教师可能需要花时间观察儿童在户外的环境中发现了什么样的问题。这些问题中的任何一个都可以成为达到STEM或其他课程标准的跳板。希瑟·B.泰勒(Heather B. Taylor,2019)在《从恐惧到自由:森林学校中的风险与学习》(From Fear to Freedom: Risk and Learning in a Forest School)一文中解释了由孩子主导、以探究为主的课程样貌:"追随孩子的主导,帮助我探索出一种独有的教学方式——让环境与孩子自己生成教育的可能。从树上折下的一根树枝;需要攀爬的泥泞山坡;被太阳晒得暖暖的、随时可以采食的黑莓;孩子们想要分享的最喜欢的玩具或书籍——所有这些都是课程的起点,它们千变万化,没有计划,但最终都是有意义的。"从这类体验中产生的问题自然会引发幼儿进行更深入的学习。

STEM：为深度学习提供支持

通过 STEM 寻找答案或解决问题是"学习生命周期"的第三个阶段。STEM 能够在户外活动中得以运用，并通过实践变得更加实用。我们在 STEM 主题项目中形成的批判性思维能力可以帮助我们思考所处的自然环境。

如果将体验看作生根发芽（问题）的种子，那么自然生发出来的 STEM 就像植物的茎。那些在孩子心中扎根的好奇会促使他们利用科学、技术、工程和数学来寻找问题的答案。这种学习方法是终身学习的典范。儿童看到教师也在利用 STEM 寻找答案。我们将使用什么方法解决下雨时沙箱被水淹没的问题？我们要用什么样的技能，对找到的树叶进行分类或者对不同种类的鸟进行计数？研究蠕虫需要哪些工具？（在第六章中，我们将看到如何通过简单描述孩子们的游戏以及用 STEM 词汇对他们的行为进行反馈，来帮助孩子们理解他们在游戏中使用的 STEM 技巧。）

创意表达：果实、花朵，还有更多种子！

创意表达是"学习生命周期"的第四个阶段。你是否曾经反复尝试之后，学会了如何使用手机上的一个新应用程序，然后觉得有必要与朋友分享？我们可以通过简单的文字形式分享新发现，但重大发现往往会激发人们创造新的方式来分享自己的想法或发现。诗歌、写作、美术、视频、摄影、舞蹈和音乐都是人们与世界分享发现的形式。技术也可以在分享发现的过程中发挥重要作用。例如，教师可以拍摄关于发现过程的照片，引导孩子们在教室里张贴自己的照片，或在学校网站上发布照片。

户外教室通常会为艺术活动留出空间，因为户外是最适合乱涂乱画的。在桌子上摆放水彩颜料，甚至泥巴，能让孩子们尽情发挥创意。黏土可用来制作雕塑或者任何生物的仿制品。年轻的学习者会被邀请收集小树枝、橡子或松果，然后在黏土上拼贴或搭建。备有各种颜色颜料的画架是户外创作的不二选择。在暖和的日子里，装满水的喷水瓶会成为很受欢迎的工具，用来进行令人兴奋的实验："当我们用水喷画时，画会发生什么变化？"晾衣绳上晾晒着的画作，或夹在栅栏上的画作，会成为家长接孩子时的展品。分享反映孩子真实经历的画作和故事，可以促进他们对社会建构等问题进行更具批判性的思考。例如，在户外厨房玩耍时，一个孩子说她正在制作玛萨拉。玛萨拉是一种印度茶，干燥后的样子很像这个孩子正在碗里搅拌的泥土和树叶。教师查了"玛萨拉"这个词，了

解了更多关于它的信息，进而与孩子的母亲进行了交谈，了解了茶在其文化中的角色。另一个创意表达的例子是，一位教师鼓励幼儿绘制户外空间的地图。一个小组决定在地图上画一个"×"来代表他们挖的一个洞，他们认为这个洞是禁止入内的。他们用两根大棍子盖住了

洞口，说："×标志着这个地方。"他们的合作游戏引起了其他孩子的兴致，其他孩子质疑为什么这个洞是禁止入内的，并试探这两根大棍子的边界。当然，这些活动也引发了争论："×标记的地方"究竟是一个真正危险的地方，还是一个可以发现宝藏的好地方？他们把原来绘制的地图改成了寻宝图。通过想象游戏，孩子们分享了他们对符号的想法，并通过每个孩子参与绘制的地图，形成了关于危险和宝藏的全新认识。

这个探索的例子展示了自然生发的好奇与批判性思考如何构成"学习生命周期"的循环。这种学习方式是一切的基础，能够满足所有儿童的需求，包括那些将英语作为第二语言的儿童。在绘制地图的班级里，有几个孩子是双语学习者。他们通过同伴的兴奋、绘制地图、用两根木棍拼成一个"×"的视觉效果，以及聆听讨论和大声争论来学习。那些在室内正式学习时不敢插嘴的孩子，抓住机会参与争论，大声喊道："不要去那里！危险！"游戏中有足够的重复，双语学习者几乎毫不费力地掌握了概念。那些平时对画画不感兴趣的孩子也因为绘制新地图而产生了动力，并自豪地拿着地图在户外走来走去。具有大肌肉运动能力和灵活性的儿童可以在环境中展现自己的才能，拿着地图来回奔跑，为其他人指明方向。

下文中的例子展示了如何通过"学习生命周期"将课程分解成易于管理的部分。如果你能记住"学习生命周期"的四个阶段，你就可以设计出一门室内外通用的综合课程。再看看使用松散性材料①进行户外活动的例子，并思考如何按照"学习生命周期"创造孩子主导的课程。

---

① 英文为"loose parts"，我国也有学者将其翻译为"开放性材料"。——译者注

障碍赛

指导年轻的学习者设计和开展障碍赛。

第一阶段：体验

利用罗森和奥克森伯里（Rosen & Oxenbury）于 2003 年创作的故事《我们要去捉狗熊》①（*We're Going on a Bear Hunt*），让儿童熟悉障碍赛的概念。通过表演故事的不同部分，他们能够身临其境地体验故事情节，并开始理解如何用障碍赛来模拟捉狗熊的过程。

第二阶段：好奇

活动的设置由教师指导，但最终结果应反映参与者自己的理解。孩子们可能会提出各种各样的想法，而教师的角色是引导者。这些想法安全吗？要帮助儿童在实现他们的想法时保持自主性。通过提问，你可以引导儿童进行讨论，并示范如何集思广益。将儿童的答案记录下来，以便他们在搭建障碍赛道时作为参考。以下是一些可以提出的问题：

- 我们应该如何利用户外环境中的材料来建造一个障碍赛场地并模拟捉狗熊活动？

---

① 本书已由河北教育出版社于 2020 年 3 月出版。——译者注

- 在制作障碍物时，我们应该选择哪些工具、技术和松散性材料？
- 有没有安全的方式可以让我们穿过或越过障碍物？
- 我们如何控制活动的时间？
- 大家如何知道起点和终点的位置？
- 我们希望参与者如何通过障碍赛？是跑？是走？还是跳？
- 哪些位置适合设置站点？
- 需要多少标识牌，以及由谁来制作它们？
- 每个人能够参与多少次？
- 在障碍赛的终点，是否会有一只熊或其他装饰物？

第三阶段：STEM

组织障碍赛需要儿童具备组织能力、协作能力、创造力、沟通能力、身体力量，以及平衡和运动能力。儿童会认真思考开展障碍赛的最佳位置，计算站点的数量，并决定站点的顺序。他们会搭建不同的结构以保持平衡，并制作指示牌来指明方向。儿童还会讨论为何需要重新排列站点以及如何重新排列站位，并尝试调整垫脚石的高度和重量。他们使用秒表相互计时，并讨论秒如何组成分钟。通过这些游戏，他们不仅学习了 STEM 概念，还达到以下幼儿园标准。

- 科学
  - 展示科学实践中蕴含的思维和行动能力。
  - 探索因果关系。
- 技术
  - 使用天平或秒表/计时器等工具。
  - 使用平板电脑或手机记录儿童开展障碍赛的情况。
  - 使用蜡笔、记号笔、胶带和纸等工具制作标志。

- **工程**
  - 探索搭建安全的平衡结构。
  - 使用松散性材料设计障碍赛。
- **数学**
  - 数出物体的数量。
  - 将加法理解为"拼"和"加",将减法理解为"拆"和"取"。
  - 知道数列中某一给定数字的相邻数是什么(Maryland State Department of Education,2003)

第四阶段:创意表达

儿童对自己创建的障碍赛表现出了更高的兴趣和积极性。他们想象着从一个障碍物到另一个障碍物的过程,使用位置词和新词汇。在教师的帮助下,他们创作了与障碍赛相关的故事,并称之为"章鱼寻宝记",将他们的海底探险融入其中。这个活动成了他们最喜欢的活动之一,整个学年他们都在编写新的故事。

除了涉及 STEM 之外,这种障碍赛的体验还符合许多早期学习标准。例如,它提供了培养听力和口语技能的机会,这些技能是发展口语、理解和应用文学文本以及学习学术词汇的基础。此外,它还提供了发展数字识别、一一对应和计算技能的机会。练习合作技能和创建共同体的机会是社会情绪学习不可或缺的一部分。

放飞蝴蝶

在户外举行的蝴蝶放飞仪式上,学龄前儿童兴奋地发现,当教师打开网时,蝴蝶并不会自动飞出来。教师问道:"你们觉得我们应该怎么做才能让它们飞出来呢?"一个孩子建议将网侧向一边,以便蝴蝶更容易找到方向。尽管尝试了这个建议,但并没有任何效果。另一个孩子喊道:"不!它们只会往上飞!"教师将网竖起来,也尝试了这个建议,但同样没有任何收获。几分钟后,教师大声问道:"蝴蝶行动迟缓是不是因为它们正在适应低温(教室里要暖和得多)?"通过教师的猜测,孩子们获得了另一个思考方向,从而拓展了他们对世界的理解。

这个小故事是蝴蝶放飞过程中幼儿学习的一个缩影。下面是在本次课程中"学习生命周期"的具体体现。

第一阶段:体验

在这个例子中,幼儿通过观察真实的毛毛虫,了解蝴蝶的生命周期。他们观察毛毛虫吃东西、生长,并最终结成蛹。

第二阶段:好奇

在放飞蝴蝶的当天,教师开启了"学习生命周期"的第二阶段,提出了诸如"我们可以做些什么来帮助它们飞出来?""为什么蝴蝶飞行速度这么慢?""室内外温度有何不同?"等问题。

第三阶段:STEM

幼儿通过使用放大镜和绘制毛毛虫的草图,在观察蝴蝶发育的过程中培养了科学思维。他们还通过测量评估了毛毛虫的生长情况,用数学方法计算了容器顶部结成的蛹的数量,并将其与毛毛虫的原始数量进行了比较。他们讨论了为什么毛毛虫和蛹要被放在一个有孔的容器里,以便让空气通过。在放飞蝴蝶的那天,教师提到了温度和天气因素,这两者都与科学和数学有关。孩子们提出改变网兜位置的建议,展现了他们的工程能力和解决问题的能力。

第四阶段:创意表达

放飞蝴蝶后,孩子们用创造性的表达方式,通过故事和艺术分享了自己的经历。他们想知道蝴蝶在野外如何生存。这引发了他们对植物和捕食者的新研究,"学习生命周期"再次开始。

放飞蝴蝶的学习体验除了涉及 STEM 外,还涵盖了许多早期学习标准。

- **读写能力**:培养听说能力,为口语发展和学术词汇学习奠定基础。
- **社会学习**:合作和创建共同体是社会情绪学习的一部分。

松散性材料

增加松散性材料是提供刺激的好方法,有助于激发儿童建构知识。如果你有一个户外教室,你可以将其设置为艺术区、阅读区、攀爬区、户外厨房或科学实验室。在你的帮助下,儿童将有机会利用松散性材料创造性地解决问题,并对他们所处的环境进行批判性思考。例如,教师在户外科学桌上添加塑料瓶盖后,孩子们可能会将其用作小托盘来存放他们收集的小石头。教师可以在艺术区投放各种树叶或橡子,供孩子们摆放并粘在木板或纸盘上。塑料瓶可以用来装泥土、沙子或其他小物件。回收的纸巾筒可以用作取景器,供幼儿观察小区域。如果你想不到如何处理回收物品,也不用担心!孩子们经常会为很多物品找到创意用途,尤其是在户外。为了鼓励儿童在自己主导的体验活动中发挥独创性,可以考虑在户外活动区域增加以下松散性材料。

- 回收的瓶盖或罐盖
- 回收的塑料瓶
- 橡子
- 各种各样的花,包括盆栽花和干花
- 弹珠
- 钥匙

- 旧轮胎
- 小石头
- 冰棒棍
- 松果
- 贝壳
- 不同大小的球
- 螺母和螺栓
- 颜料和水
- 不同类型的画笔
- 木箱
- 网、围巾或布料
- PVC① 管

在第三章中,我们回顾了一些思想家关于儿童发展适宜性实践的理念,并思考了他们的理论与"学习生命周期"的关系。我们以原住民为重点,展示了大自然在幼儿教育中的重要角色。

对教师来说,简单地改变自己的思维方式,鼓励儿童发展批判性思维可能看上去有些激进;然而,批判性思维和好奇心对于激发儿童开展 STEM 学习非常重要。一个与儿童一起享受惊奇的教师,会创造出一个富有 STEM 学习机会的环境。

问题:反思与实践

- 你童年时的户外学习记忆如何影响你现在的户外教学态度?
- 你还记得在你小时候教师把大自然带进教室的情景吗?课程内容是什么?你学到了什么?你如何在自己的探索中应用科学、技术、工程和数学?
- 你在日常生活中是如何应用 STEM 的?
- 你熟悉"学习生命周期"中的哪些要素?你如何将它们应用到年

---

① 英文全称为"Polyvinyl chloride",中文意思是聚氯乙烯。——译者注

轻学习者的身上？
- "学习生命周期"中的哪些要素对你来说是新的？在今后的教学中，你如何将它们融入教学？

第三章

伟大的思想家以及儿童、教师、土地的关系

在新西兰丛林中,毛利人的一个探险家项目欢迎三四岁的孩子通过游戏来探索这片土地。一个名叫埃米莉的 4 岁女孩喜欢爬树。她的老师描述了她在树上寻找蜘蛛或蜘蛛网的经历:"后来她发现树皮下有瓢虫、蚂蚁等昆虫。"(Okur-Berberoglu,2021)埃米莉一边观察这些昆虫,一边剥开树皮,试图了解它们的行踪。后来,她的母亲将她敏锐的观察能力归功于她在无组织的户外游戏中度过的时光。

在新西兰奥菲里湾,一位研究人员写下了这样一段动人的观察记录,它描述了一个原住民社区的 2 岁女孩玩石头的情景(Malone & Moore,2019)。

> 她揉搓它们,把它们堆起来,然后埋进沙子里。她用拇指平整它们。她把它们放在水里。她把它们洗干净。她把它们紧紧地抱在怀里,然后坐在上面。她和石头坐在一起。身边的石头越多,她的身体和姿势就越放松。她通过石头进行思考。

这些户外游戏和探索活动都符合 STEM 的目标,并能激发孩子对环境和学习的兴趣。它们也是"学习生命周期"第一阶段的范例——儿童主导的体验。这些体验持续数天,每天至少 1 小时。

遗憾的是,当幼儿进入正规学校学习时,我们可能看不到以同样

有趣的方式利用儿童天生的好奇心的课程。而当孩子们的好奇心得不到开发时，他们与生俱来的智慧火花就会熄灭。教室里的四面墙壁、课桌、海报和上课铃声，仿佛抑制了孩子们深层次的、令人兴奋的、充满自豪感的学习动机（Mika & Stewart，2018）。严格的学校课程表不允许孩子们有时间去尝试，去实现那些"啊哈"时刻。孩子们从一堂课过渡到另一堂课，没有机会去探索、成长和产生新的想法，而在无组织的户外探索中却可以实现这一点。

18世纪的哲学家和作家让-雅克·卢梭（Jean-Jacques Rousseau）写道："教育中最重要、最有用的规则不是节约时间，而是浪费时间。"（Elkind，2015）卢梭的话意味着，要进行探索，就需要时间。要想增强好奇心，探索就不能操之过急。深度学习就发生在被某些人称为"浪费时间"的活动中。这一理念与原住民的户外教育理念以及历史上其他思想家的理念相通。在本章中，我们将探讨原住民和著名思想家是如何回答三个哲学问题的：

- 孩子是谁？
- 教师的角色是什么？
- 土地的作用是什么？

本章中的见解与学习生命周期相辅相成，我们希望这些见解能激励教育工作者继续进行深入思考，为他们园所里的儿童提供丰富而有益的学习环境。本书中提到的思想家并不包括所有幼儿教育理论的贡献者；但是，他们与幼儿户外学习的联系可能是你未曾考虑过的。我们诚邀你深入探讨，发现幼儿户外游戏跨越时空的现实意义。

孩子是谁？

原住民的认知方式

原住民将儿童视为天生强大、平等的社会成员。《原住民早期学习和儿童保育框架》(*Indigenous Early Learning and Child Care Framework*，2018）指出，原住民儿童被视为"神圣"的礼物，必须以相应的态度对待。"长者告诉我们，儿童应被视为上天赐予我们的礼物，我们要爱护、培养和尊重他们。"（Robertson，2019）对原住民而言，最重要的是儿童的身份认同，这取决于文化和传统的融入，以及精神、情感、社交和身体方面的发展（Robertson，2019）。根据詹姆斯及其同事（James et al.，2019）的说法，加拿大的德内原住民认为，儿童生来就具有完整性和价值，因此应该得到尊重。事实上，在那些尊重儿童自主行动和自主决定权的社区中，"学习者的自主能动性"是一个受到高度重视的概念。

新西兰丛林中的儿童从一出生就被视为自信而有能力的学习者，他们的一生都在学习（Okur-Berberoglu，2021）。他们的学习过程包括与人和土地进行有意义的互动。马隆和穆尔

（Malone & Moore，2019）在对原住民儿童的观察研究中指出，他们是与人类和非人类进行感性交流的人。原住民的认知方式与感官认知是一致的，这在他们关于万物有灵的故事中显而易见。例如，风吹过树木的声音、海洋的声音和味道、太阳的温暖、暴风雨的威力、被人类惊吓的鹿的眼神，或者停在窗外栅栏上的鸟，都蕴含着人与地球和动物的感官交流。地球在传达什么？你该如何回应？这类哲学有一种精神属性，在弗里德里希·福禄贝尔（Friedrich Froebel）等思想家的哲学思想中都很突出。

福禄贝尔与完整的儿童

福禄贝尔是一位教育家，1782年出生于德国。他对自然和教育产生了浓厚的兴趣，并创造了"幼儿园"（kindergarten）一词，该词的字面意思为"儿童的花园"（McNair & Powell，2020）。福禄贝尔的儿童哲学观与原住民的认知方式如出一辙，他认为人生的目的是"实现自我、社会、自然、宇宙和精神的统一"（Elkind，2015）。他认为儿童应该与自然和谐相处（Tovey，2017）。福禄贝尔希望他的幼儿园能够支持儿童的全面发展，这意味着幼儿园将支持积极主动、充满好奇心和创造力的学习者。户外STEM教育支持福禄贝尔的观点，即儿童会自然而然地观察和分析世界："一个又一个问题从他们探究的头脑中产生——如何？为什么？何时？为何？"（Tovey，2017）好奇、观察和分析与"学习生命周期"中的"好奇"和"STEM"阶段相关联。在福禄贝尔看来，儿童是人类的一部分，人类是自然的一部分，因此也是宇宙的一部分（Elkind，2015）。遗憾的是，在美国的教育体系中，这种整体思维方式并没有在幼儿园以上的年级扎根。过去的学校，甚至现在的一些学校，仍然根深蒂固地采用说教式教学，包括非常强调对事实的记忆。约翰·杜威（John Dewey）是一位崇尚儿童全面发展的思想家，他致力于将美国以教师为主导的课程转变为以儿童为主导的课程。

杜威与儿童的兴趣

1859 年，杜威出生于佛蒙特州，是那个时代著名的教育改革家。他希望将教育从室内的说教式课堂教学转变为更具社会性的方法，让孩子们根据自己的兴趣爱好在教室里进进出出。由于他的实用主义哲学，他也被称为儿童户外学习的最初倡导者之一。他认为，儿童自身的本能、活动和兴趣应该是教育的出发点（Early Childhood Today，2000）。

杜威认为，儿童的好奇心分为三个部分：
- 充满活力的身体探索；
- 质疑和基于好奇的调查；
- 更持久、更系统地寻求求知欲的满足。（Luff，2018）

你可以看到在第二章中描述的关于"×标记点"的游戏情景，孩子们的活动体现了这三个部分。他们挖了一个洞，这需要体力和耐力。然后，他们画了地图，并质疑这个地方是危险的还是藏有秘密宝藏的。他们在游戏中绘制了更多的地图，并持续进行游戏，包括用木棍标出"×"的地点。这三个部分也与"学习生命周期"——体验、好奇和用 STEM 解决问题——相对应。这三个部分还与蒙台梭利将儿童视为自主学习的积极参与者的观点相吻合。

蒙台梭利与强大的孩子

蒙台梭利是一位非凡的女性，极力主张儿童在户外进行学习。她出生于 1870 年，是意大利的第一位女医生（Elkind，2015）。与福禄

贝尔一样,她的核心理念是教育应考虑完整的儿童——包括他们的心理、精神、身体、情感和社会存在方式。在《教育中的自然》(Nature in Education)一文中,她认为幼儿比我们想象中的更强大,而且他们的力量是通过自由游戏和户外活动展现出来的(Montessori,2013)。她举例说,幼儿在沙滩上行走数千米,"他们不知疲倦的小腿在阳光下攀爬陡坡"(Montessori,2013)。蒙台梭利认为,儿童最大的乐趣在于行动、认知和探索,而身体活动正是实现这一切的核心。她的观点与原住民的思维方式不谋而合,她说:"儿童需要自然地生活,而不仅仅是对自然有所了解。"此外,她还将儿童的智力和观察力等同于诗人的智力和观察力——"只有诗人和小孩子才能感受到涓涓细流流过卵石的魅力。"(Montessori,2013)这种联系让人联想到原住民,他们也认为儿童是与人类和非人类进行感性交流的人。蒙台梭利从在溪流里玩耍的儿童身上看到了智慧。皮亚杰的早期学习理论也是以这种探究性游戏为基础的。

皮亚杰与爱玩的儿童

20世纪初,一些人认为儿童的思考能力不如成人(Redford,2013)。心理学家皮亚杰认为,儿童以自身为中心,能够对世界自发地产生想法。儿童是学习的中心,活动应该以游戏为基础。他的理念与德内原住民长者的理念如出一辙，即游戏对儿童的学习至关重要（James，Dragon-Smith，& Lacey，2019）。

皮亚杰认为儿童的发展有不同的阶段，他们能在思考中解释原因、提出假设。他将儿童的发展分为以下四个阶段。

- 感知运动阶段（0—2岁）：通过感官和动作学习。
- 前运算阶段（2—7岁）：发展语言和符号游戏。
- 具体运算阶段（7—11岁）：发展逻辑思维。
- 形式运算阶段（11岁及以上）：发展抽象思维。

处于前运算阶段的儿童可能会通过想象变成蝴蝶的过程或利用户外材料制作"食谱"的方式来学习科学。虽然这些课程对许多教育者来说是适合儿童发展的，但并不是所有的理论家和教育者都认为儿童应该由四个发展阶段来界定。尽管如此，通过游戏学习的理念仍然是幼儿教育专业人士广泛接受的理念。

马拉古奇与儿童的一百种语言

洛里斯·马拉古奇（Loris Malaguzzi）是一位教育家、领导者和活动家，因其在意大利瑞吉欧·埃米莉亚市（Reggio Emilia）创办公立学校系统而闻名（Moss，2016）。瑞吉欧教学法是他的工作和社区支持的结果。他认为儿童拥有丰富的一百种语言，这意味着儿童可以通过艺术、音乐和舞蹈、数学、科学和技术等多种方式表达自己并与世界建立联系（Moss，2016）。马拉古奇的儿童观是："儿童不但是复杂而全面的存在，而且从一出生就有能力和决心去创造世界的意义。"（Moss，2016）他认为儿童是平等的，拥有权利、价值观和能力。他希望通过有意义的教育机会，为瑞吉欧·埃米莉亚市的儿童和家庭带来社会公正，由此可以看出他对所在社区的热爱。

维果茨基与儿童学徒

与皮亚杰同年出生的心理学家列夫·维果茨基（Lev Vygotsky）认为，儿童的学习是通过社会互动进行的。"有知识的他人"为儿童提供帮助，在其最近发展区（zone of proximal development，ZPD）搭建支架，以促成他们的学习（Vygotsky，1978）。ZPD 是一个"甜蜜点"，在这个点上的学习单靠自己是很难完成的，但有了一个支架，学习就成为可能。教师（幼儿教育环境中的"有知识的他人"）非常了解每个儿童的能力，知道如何为他们提供支架，使他们的理解能力更上一层楼。这种类型的学习是实践性的；它不是为了记住事实，而是为了获得对概念的丰富理解，从而使学习者能够在新的情境中运用

所学知识。维果茨基认为,儿童的角色是学徒,教师的角色是导师。

接下来,我们将讨论思想家眼中的教师角色。在阅读过程中,考虑以下问题:你是某位思想家的追随者吗?你是否赞同多种理论的结合?你的教师角色是什么?

教师的角色是什么?

原住民

对于原住民来说,学习被理解为一种终身经历。麦克莱伦·霍尔(McClellan Hall)在《指导的自然之道:美国原住民的教育方法》(Mentoring the Natural Way: Native American Approaches to Education, 2007)一文中,将美国原住民教师描述为分担教师责任的促进者和社区成员。这种组织下的教育系统对长者非常重视,因为他们认为长者是传统知识的传授者和家族历史的承载者。部落的其他成员也发挥着作用。由于传统方式一般都是平等的,因此男性和女性、姨妈和舅舅以及所有社区居民都被视为辅导教师。霍尔将美国原住民的传统教育方法描述为体验式教育:通过做、看、听和实验来学习。学者格洛丽

亚·拉德森-比林斯（Gloria Ladson-Billings，2020）在教授教师如何进行文化相关性教学时指出，在地化教育（place-based education，PBE）应满足儿童当前的需要。这描述了许多原住民看待教育的方式。他们的教育方法以背景（环境和社区中发生的事情）和关系为基础。根据这种观点，教师必须理解知识是整体的、个人的、社会的，并有赖于生态系统。长者的作用是引导知识的发展和传播（James，Dragon-Smith，& Lahey，2019）。例如，在一次活动中，一位年长的教育者带领一群因纽特儿童到地里寻找柳枝，准备制作树枝背包。"tukisiumainq"和"silatuniq"这两个概念都体现在背包活动中（James，Dragon-Smith，& Lahey，2019），前者的意思是"建立对生活的理解或创造生活的意义"，后者的意思是"体验世界"。

在毛利人的理念中，新西兰丛林中的成人领导者的责任是促进环境安全、关注和支持儿童的游戏（Okur-Berberoglu，2021）。新西兰的早期教育课程被命名为"Te Whāriki"，意思是"编织而成的草席"（Okur-Berberoglu，2021）。该课程关注四个因素：赋权、全面发展、家庭和社区关系。教师作为追随者和观察者，将儿童的感官学习融入其中，这需要缓慢的、不间断的、以身体为中心的接触（Malone & Moore，2019）。当教师退后一步，让儿童有时间融入大自然并与之相处时，感官学习就会发生。教师作为协调者，可能会通过指导、引导、建议和搭建支架等方式妨碍儿童的感官学习。虽然并非所有原住民都以同样的方式处理关于全面发展的问题，但他们都重视家庭和社区关系建设，将其视为教师角色的核心。原住民重视好奇，将其视为个人发展和探索的必要特征。他们对自己世界中的经历充满好奇，从而产生批判性思维，这是"学习生命周期"的第二阶段。

遗憾的是，历史表明，社会一再反对与好奇相伴的批判性思维。古尔霍尔特和桑德鲁德（Gurholt & Sanderud，2016）写道："在欧洲中世纪，教会领袖和哲学家们丑化了好奇的概念。他们担心那些用自己的眼睛、耳朵和声音来提问与获取知识的人会挑战传统的权威和结构。"美国印第安人学校不鼓励好奇也就不足为奇了，因为美国政府的目标是建立一个不会挑战其权威的文明社会。韦伯等人（Webber et al., 2021）论述了这对原住民的社会和学习结构产生的深远影响。西方普通学校的核心是倡导以文字为基础的学习，再加上美国印第安儿童被赶出家门进入寄宿学校，因此教育缺乏有关土地和原住民自然认知方式的历史性本土信息。在这个悲惨的历史时期，教师的角色是"无所不知"的权威，并且同质化严重。

福禄贝尔与作为引导者的教师

有些人认为游戏是儿童学习思考世界的方式，而有些人认为游戏阻碍了教师向儿童传授知识。福禄贝尔本人也是一名教师，他更喜欢教幼儿，而不是大孩子。事实上，"比起在教室里教书，他更喜欢和孩子们在森林和山上玩耍"（Elkind, 2015），这说明了这位思想深邃的人得出结论——户外教学和学习对教师和儿童来说都是合意的！福禄贝尔认为母亲是孩子的第一任教师，他和妻子写了一本童谣和歌曲集，供母亲们与孩子一起唱和玩。教师的角色是与孩子们生活在一起，即与他们一起参与游戏。这样，教师的角色就是引导者。这就像一些原住民喜欢的引导者角色。福禄贝尔看到了这一角色的复杂性，于是建立了一所教师培训学校，其中许多教师都是女性，这在当时是很不寻常的。如今，仍有教育工作者是按照他的方法受训的。福禄贝尔派教师是这样总结自己的角色的：

- 观察——不是描述儿童的发展阶段或孤立的成就，而是记录儿童感兴趣的事物、想法和感受。观察不仅仅是看。它包括认真倾听、敞开心扉并希望了解更多。

- 通过规划额外资源、新体验或成人支持，以较为敏感的介入方式，支持和扩展儿童的学习。
- 倾听儿童的游戏想法，认识到这种游戏有时可能是粗暴的和混乱的，但如果其得到支持并允许它蓬勃发展，那么游戏可以是持续的、协作的和复杂的。
- 对儿童的能力有切合实际的期望。这意味着要足够了解儿童，以决定何时静静地观察、何时敏感地提供支持、何时通过加入游戏或扩展游戏来积极地干预。（Tovey，2017）

杜威与作为共同学习者的教师

杜威偏爱动手学习，他的思想影响了现在倡导的基于项目的教学模式。在杜威看来，教师的职责是提供有价值的新体验。他认为，如果教师愿意与儿童合作探究，那么他们就能共同了解自然世界。正如《我们领域的先驱：约翰·杜威——实用主义之父》（Pioneers in Our Field: John Dewey—Father of Pragmatism）一文中所述：

> 今天，当我们观察幼儿的教室时，我们会看到孩子们在与同伴分享零食时培养语言技能，在浇水和照顾植物时学习重要的科学概念，在为午餐烹饪特别的食物时发展数学技能。这些司空见惯的学前教育活动都源于一个具有前瞻性的、最不寻常的人的想法（*Early Childhood Today*，2000）。

杜威不同意只从自然中学习的观点。相反，他认为教师的作用是通过有意义的方式向儿童展示自然的结果（Flores Koulish，2019）。如今，许多教师仍然采用这种方法。例如，吸引孩子们注意到角色扮演中的游戏屋没有屋顶,并询问他们如何挡雨,或者提供一节关于回收和保护环境的实践课程,这些都是结合自然且务实的想法。这样,教师就是领导者,将自然与周围的东西结合起来。这与杜威所反对的传统学校不同,在传统学校里,教师向孩子们灌输关于自然的"事实",让他们死记硬背,却不进行实际应用。

蒙台梭利与作为追随者的教师

蒙台梭利说,她童年时的老师用传统的方式教学,孩子们通过听书本上的信息来了解树叶,而不是到户外去收集和观察真实的树叶。她形容课堂上的孩子们就像"装在大头针上的蝴蝶"(Elkind,2015),这也解释了她在说教式的课堂环境中感到缺乏自由的原因。毫无疑问,蒙台梭利童年时期对学校的不愉快记忆促使她自己创办学校、编写教材和开发教学方法。

作为妇女和儿童的维护者,她于1907年为工人阶级家庭的儿童创办了一所学校(Elkind,2015)。她为学校制定的每日课程表包括户外学习和照顾动植物的时间。在《教育中的自然》一文中,蒙台梭利(2013)称赞家长让孩子步行,跟在孩子身后而不是背着他们。通过这种方式,她将教师置于追随者的角色,观察儿童的兴趣并给予支持。然而,教师也是领导者,要向儿童提供有趣的信息和激发他们行动。蒙台梭利告诫教师不要将一些反应强加在儿童身上,而是要顺着儿童的思路去发现他们真正的喜好和需求。这种对思想自由的关注与皮亚杰关于游戏是儿童工作的理解异曲同工。

皮亚杰与作为教育助手的教师

皮亚杰强调,成人的角色是教育助手(Joubert & Harrison,2021)。皮亚杰认为,儿童的发展阶段是通过儿童的动手操作、成人和教师协助的学习体验来促进的,而不是说教式或死记硬背的学习。皮亚杰认为,教师需要满足儿童的发展需求;否则,儿童就会拒绝活动,因为他们在心理上还没有做好准备(Joubert & Harrison,2021)。教孩子如何认识时间就是一个很好的例子。你试过教学龄前儿童认识时间吗?时间是一个抽象的概念。当一个处于前运算阶段的孩子问:"现在该回家了吗?"一个不熟悉皮亚杰发展阶段理论的教师可能会试着教这个孩子如何看时间,指着钟表谈论秒、分和小时。然而,任何关于时间的冗长解释都会让这个阶段的孩子感到厌烦(也会让教师感到沮丧),孩子很可能会拒绝教师的解释,甚至在教师讲完之前就走开。熟悉前运算阶段的教育助手在回答同样的问题时,会利用孩子现有的知识并加以扩展:"还记得你昨天是在吃完点心后才回家的吗?你今天也将在那个时候回家!我们先读故事,然后吃点心,最后回家。"教师甚至可以指着课程表上的图片,让孩子直观地理解他的话。这样,他就是在用孩子能够理解的符号帮助孩子掌握时间概念。

处于下一阶段即具体运算阶段的幼儿,已经通过游戏和指导学会了排序,并懂得了符号代表概念。他们已经学会了简单的数学技能,并准备好运用逻辑思维来弄明白时钟上的符号与时间概念之间的联系。在这个阶段,教他们了解时钟的细节就不再是浪费时间了。因为孩子已经准备好了,所以他们可以很快掌握这个概念,并满足其日益增长的认识时间的需求。因此,教师需要对认知发展的四个阶段有所了解,这样才能知道在什么年龄段适合教什么概念。否则,正如皮亚杰指出的那样,课程就会被孩子拒绝,教师为课程所付出的时间和努力也会付诸东流。

作为教育助手的教师不仅需要知道教什么,还要知道如何教。开展角色游戏是学前儿童很擅长的学习方式。通过角色扮演,幼儿可以尝试模仿他们在自己家里观察到的行为。由于角色扮演有助于幼儿的学习,作为教育助手的教师可以寻找室内外道具来引入某些教学概念。例如,如果教学目标是学习测量,教师可以在厨房区域增添测量工具,然后参与儿童的角色游戏并说"我炖菜需要两杯橡子"。孩子们可以学习测量知识(词汇、计数),而且这种方法尊重了他们所处的发展阶段——前运算阶段。教师观察到儿童参与到学习中,而不是拒绝学习。所有这些经历都是相辅相成的,都体现在面向儿童的发展适宜性教育实践中,从而促进孩子自发学习。

马拉古奇与自发的教师

马拉古奇认为儿童能够自发地产生想法,他希望教师与幼儿一起工作时保持好奇心。对教师而言,他的建议是"享受不确定性"(Moss,2016)。他解释说,不确定性是"知识的发动机"。受到瑞吉欧教育理念启发的教师,用"激发物"(provocations)一词来描述一种没有规定结果的、开放式的

活动。无论儿童是选择单独还是分组探索自己的想法,"激发物"都旨在激发他们的想法、主动性和想象力。瑞吉欧教学法提倡体验式学习,大自然中充满了让儿童在实践中学习的机会。"激发物"使孩子主导课程和体验,这与教师主导活动所产生的结果截然不同。使用"激发物"来开启孩子的学习体验,是开始"学习生命周期"的经过深思熟虑的方法。在本书的后面部分,你将会看到关于"激发物"的例子。这样的教学可以帮助儿童表达自己所知道的东西,这也引出了维果茨基对于语言的看法。

维果茨基与作为支持者的教师

对维果茨基而言,语言与全身都有关。全身语言包含手部动作和手势,有助于我们认识世界并形成科学概念(Karlsson,2017)。"儿童最初以自发和功能性的方式使用概念。他们根据日常经验进行交谈和行动,自然现象被直观和自发地处理"(Karlsson,2017)。教师的职责是知道在何时通过引入新词汇,支持孩子了解更为抽象的科学概念。比如,如果教师观察到一名儿童从自己用硬纸板搭建的斜坡上滑下石块,那么他就可以试图引起关于简单机械的话题。教师还可以介绍重力和摩擦力的概念。教师可以创设与环境和自然相关的教育情境,而儿童可以发现并谈论科学现象,因为他们经历过各种将日常生活、基于自然的概念与科学概念联系起来的活动(Karlsson,2017)。教师所做的不只是提供活动,否则根据维果茨基的理论,儿童可能永远都无法自己掌握科学概念。缓慢地、渐进地引入概念,有助于儿童将概念与日常生活联系起来。因此,教师必须练就敏锐的观察力,知道何时后退,何时介入,从而帮助儿童认识到现实世界与抽象思维之间的联系。这就是维果茨基所说的"支架"。当学习者准备好进入下一个学习阶段时,教师需要为其提供支持。在下一节中,我们将了解思想家们对土地作用的认识。土地在你的学习空间中扮演什么角色？

土地的作用是什么？

原住民的认知方式

为什么自然教育对原住民如此重要？答案就在这片土地上。原住民学者凯茜·阿布索隆（Kathy Absolon）分享了她童年时期在加拿大丛林中玩耍的经历："没有围栏、邻居和物理边界，孩子的天然好奇心得以发展和培养。"（James，Dragon-Smith，& Lahey，2019）她好奇的天性促使她在灌木丛中探索，从而增长了对世界的认识；没有物理边界是她成长的一个重要方面。

美国原住民认为，大自然是有生命的。"地球生命力的各个层面不应仅被视为可供开发的资源，也不应为了人类的利益而牺牲其他的生命形式"（Robertson，2019）。简而言之，原住民认为人类是自然的一部分，而不是脱离自然的（Marin & Bang，2018）。要理解原住民与土地的关系，就需要了解他们的历史，联合国对原住民的描述中也提到了这一点。

> 原住民是独特文化以及人与环境相处方式的继承者和实践者。他们保留了有别于其所生活的主流社会的社会、文化、经济和政治特征。尽管存在文化差异，但世界各地的原住民在保护其作为独特民族的权利方面，面对着共同的问题（2021）。

上段描述的关键在于提到了"主流社会"这个概念。美国的早

期移民希望按照自己的意愿建立一个新国家。为了实现这一目标，他们希望节省时间，加快同化进程，这样美国印第安人就能在一代人的时间内被充分同化（Spring，2016）。他们的方法是通过教育或灭绝来实现同化。原住民的认知方式没有得到尊重，相反，教育政策中的暴行以性格塑造和民族主义的名义迅速上演。在世界各地，都有人试图将原住民非文化化，迫使其同化为该地区主流文化中的人。去文化化的想法源于主流文化认为自己的方式优于其他文化（Spring，2016）。此外，主流文化也受到不同文化的威胁。这种思维方式自然会带来冲突、战争和侵略。在美国，为了避免争夺土地和发生更多冲突，1819 年，美国印第安贸易监管人托马斯·L. 麦肯尼（Thomas L. McKenney）开始对原住民进行西方文化教育。教育的目的是将美国印第安人转变为"更文明的人"，从而更容易被控制。"麦肯尼将印第安人视为儿童，认为使他们文明化的关键在于学校教育"（Spring，

2016)。70年后的1889年，美国印第安人事务专员托马斯·摩根（Thomas Morgan）撰写了一份公告，赞扬了对美国印第安人的教育，尤其是在印第安人幼年时对他们进行控制并使他们远离部落影响所做出的努力（Spring，2016）。其中最令人不安的是，他主张通过早期教育来抵消印第安人家庭的影响（Spring，2016）。事实上，孩子的第一个世界就是他们的家庭，消除这种影响会让孩子产生一种不属于自己家园的感受。

这种片面的解决方式所反映的另一个问题是，占主导地位的文化并不了解另一种文化——"美国印第安人的本土文化"。格洛丽亚·拉德森－比林斯（Gloria Ladson-Billings，2020）指出，提高儿童文化能力的一种方法是向他们介绍一种以上的文化。目标是让每个儿童至少熟悉掌握两种文化。幼儿教师可以通过研究其所在地区的原住民文化，然后与孩子分享这种文化，从而提高孩子的文化能力。由于探索原住民与土地的联系的另一种方式是与孩子们一起置身于大自然中（Robertson，2019），因此户外学习有助于提高孩子对于该地区原住民文化的理解。相反，干扰儿童对户外游戏的参与会影响他们理解原住民世界观中"儿童是环境的一部分"的理念（James, Dragon-Smith, & Lahey, 2019）。有鉴于此，教育工作者可以找到理由，将有限的课间休息时间转变为更多的户外活动时间。

支持原住民土地观的户外学习框架被称为"在地化教育"。在地化教育是一种基于社区的教育方式，它将年轻人与自然环境和人造环境联系起来（Webber et al., 2021）。早期教育工作者会很高兴地知道，通过实践来学习是在地化教育的主要组成部分。教师利用当地社区的真实经验来教授语言艺术、数学、社会研究、科学和各门课程（Webber et al., 2021）。关于原住民的教育文献中记录着，在地化教育曾被用来传授与当地相关的本土认知方式。韦伯及其同事（Webber et al., 2021）认为在地化教育与原住民息息相关，曾写道："户外教育，从字面上解释，自古以来就存在，因为它是原住民社区和知识的固有组成部分。"

尽管户外教育"自古以来就存在"，但却一再被重新引入。20 世纪初，欧洲和斯堪的纳维亚/挪威改革开发了体验式学习模式，鼓励儿童通过自发性的游戏进行探索（Gurholt & Sanderud, 2016）。这些模式都是在户外大自然中进行的，园艺也是一个显而易见的教学主题。

福禄贝尔与作为花园的土地

福禄贝尔认为，花园为幼儿提供了一个理想的环境（Tovey, 2017）。他关于儿童园艺、探索和户外游戏的理念与当今生态学家的理念如出一辙，后者认为儿童对自然世界的理解会促使他们去爱护它。托维（Tovey, 2017）描述了福禄贝尔对土地的利用方式：在福禄贝尔的花园里，每个孩子都有自己的一小块土地。在这里，孩子们可以播种、照料植物、收获果实。孩子们可以体验大自然的节奏，看到四季变化对花园的影响。园艺以直接而有意义的方式帮助孩子们理解生与死、生长与衰败的循环。可以想象，打理花园的实用性与杜威的实用主义哲学不谋而合。

杜威与内心的土地

杜威的学校允许在户外的大自然中开展活动；正如他所说，"大自然不是人类经验之外的东西，相反，人类是大自然的内部和一部分"（Luff，2018）。这一理念同原住民对土地与人之间关系的看法相通。杜威认为，园艺"能唤起儿童的好奇心、自由、耐心和行动力，是他们更全面地欣赏自然的一个途径"（Luff，2018）。他说，一群孩子在研究了美国印第安人之后受到启发，开始使用大地上的黏土进行实验（Kliebard，2004）。他对地理的看法是，地理不只是一门具有事实和原理的学科，还是一个人对世界的感受和思考（2004）。土地，特别是自然状态下的土地，对于蒙台梭利关于哪种空间最符合儿童利益的信念同样至关重要。

蒙台梭利与象征自由的土地

1915年，西班牙政府邀请蒙台梭利在巴塞罗那设立教育项目。她获得了一栋周围有花园、喷泉和大量户外活动空间的建筑（Elkind，2015）。正如蒙台梭利在其《发现孩子》（1950）一书中所指出的，这样的环境无疑促进了儿童的学习："儿童比任何人都更能自发地观察自然，当然需要有可供使用的材料。"她不喜欢人造操场，将一个操场描述为"一块甚至不够大的破地方"（Montessori，2013）。她希望孩子们能体验到既不太大也不太小的土地空间，最重要的是，这里能让孩子们在与大自然的互动中获得满足感。在她最激进的比喻中，她将城市类比成监狱。她说："如果可能的话，最重要的事情是让孩子摆脱束缚，让其从与世隔绝的'人造城市生活'中脱离出来。"

皮亚杰与作为互动空间的土地

皮亚杰提出，儿童通过积极参与并与环境相处来学习（Piaget & Inhelder，1969）。非洲原住民的认知与其看法不谋而合，他们也认为儿童在当地社区的支持下，通过开放性游戏进行体验式学习。当下，这些社区认为，儿童可以通过游戏性的户外活动来学习，这些活动包括做必要的家务（比如喂鸡）和与同伴玩街头游戏（Joubert & Harrison，2021）。土地为儿童提供了游戏和探索的机会，反过来又造福于社区。

马拉古奇与作为社区的土地

莫斯（Moss，2016）认为，"瑞吉欧学校是公共空间，没有边界，向邻里开放，欢迎家长和其他居民，同时向周围的社区延伸"。学校的一个重要方面是重视所有室内外环境，将其作为学习空间（Moss，2016）。在马拉古奇看来，这片土地可以被视为一个共同协作的社区，一个教育革新的文化项目，"一个民主的地方，在这里，多种想法、辩论和观点都受到邀请和鼓励"（Moss，2016）。在这片土地上获得自由是贯穿所有早期学习理论的核心。对维果茨基而言，土地的多样化为儿童提供了体验自由思考的天然机会。

维果茨基与作为教师的土地

维果茨基认为，儿童在大自然中的游戏不仅丰富多彩，而且为许多重要的发展提供了机制（Kahn，Weiss，& Harrington，2018）。在大自然中开展的动手学习活动也有助于儿童成为同伴眼中更有学识的他人。在户外课堂上，当一名儿童向另一名儿童展示如何攀爬原木或在哪里找到蚂蚁栖息的岩石时，支架的作用就体现出来了。在游戏中，当一个孩子支持另一个孩子学习时，协作就有所体现。先在小原木上进行平衡活动，再在大原木上尝试，这将帮助儿童对自己的身体建立信心，刺激感官学习，满足整体需求。在维果茨基的世界里，土地可以被视为教师，而人类有必要进行合作，通过拓展孩子的学习体验来达到 STEM 标准。

＊＊＊

本章讨论了许多思想家关于户外学习的观点。虽然这些思想家对早期学习理论各有不同的见解，但它们都可以在户外被激活。事实上，大多数人在户外学习还不是主流文化中的一部分时，就将其纳入了学习的范畴。不过，你会注意到，这份思想家名单并非详尽无遗。批判性的思想家可能会意识到黑人、亚洲人或拉丁裔文化观点的缺失。你也可能会问：课堂上有这么多女教师，为什么本章中没有更多的女性思想家？我们希望，通过揭示这些不足之处，你能受到启发，深入挖掘自己的文化，并分享你对儿童、教师和土地角色的认识。通过共同学习，我们将认识到，我们都属于自己，都有故事要讲。这些故事将加深我们对儿童学习方式的理解，并最终让教育工作者相信，户外学习可以为各种文化背景下的儿童和教师以及早期学习理论提供支持。接下来，我们将为当代教师提供一些与孩子分享这片土地的实用想法。

> 问题：反思与实践

- 哪位思想家最能引起你的共鸣？为什么？
- 是否有你以前不熟悉的思想家？根据他们的教育哲学，你可以应用什么？
- 你认为现代幼儿园的做法会威胁到孩子思考的自由吗？
- 你的教室所在地区的原住民文化是什么？这些理解如何影响你对幼儿开展的工作？
- 作为一名教师，你将如何拥抱这片土地？

第四章

播撒体验式学习的种子

萝宾老师有多年的课堂教学经验，她注意到自己严格的日程安排阻碍了她为孩子们提供有价值的学习体验。当她打算进入下一个主题时，她发现孩子们对在操场上玩耍更感兴趣，因为严冬已经过去，春天天气很好。萝宾老师决定针对孩子们的兴趣，将关于社区工作者的课程延长几周，并提问："我们的社区里有在户外工作的人吗？"孩子们开始好奇在社区中从事户外工作会是什么样的。萝宾老师能够融入更多的体验，帮助她的小学员们更深入地了解这个主题。她在操场上放置了邮袋等道具，这样孩子们就可以把邮件从一个攀爬架送往下一个。下雨时，孩子们发现需要帽子和雨伞才能在雨中送信。下一周，他们将假装成建筑工人。

改变开展"社区工作者"课程的地点，增强了孩子们的户外探索和对社区的认识，而这些都是萝宾老师没有预料到的。她发现，利用户外活动来扩展"社区工作者"项目也能与STEM学习相融合。计划让孩子们进一步探索某个主题的体验是令人兴奋的，坦率地说，也是更真实的。我们难道不是在户外看到邮递员工作吗？在户外练习投递邮件不是更真实吗？通过观察孩子们，萝宾老师决定不再限制孩子们在室内学习。她利用孩子们在户外玩耍的经验和兴趣来延伸课程。孩子们对在户外工作的社区工作者产生了新的兴趣,这也意味着萝宾老师播下的种子正在生根发芽。

本章将介绍"学习生命周期"如何帮助教师规划课程,并从 STEM 融合的视角以及以自然为基础的体验出发来协助教师开展教学。你将看到一些典型的幼儿教育主题的例子,以及教师如何通过在户外渗透 STEM 来改造这些主题,从而更深入地教授这些主题的基本概念,让孩子们达到英语语言艺术和数学标准,并培养他们的成长

型思维。教师们发现,无论是在农村、城市还是郊区,与幼儿一起探索户外环境,都是将 STEM 融入课程的最简单、最真实的方法。他们可以通过结构化的单元学习来实现这种融合,也可以通过在大自然中徒步旅行、在岩石下寻找昆虫、观察水坑中的蠕虫、观察头顶上的鸟或观察树叶的四季变化,刻意用语言强调这些环境来实现融合。

对于不习惯在户外环境中教学的教师来说,他们可以从将大自然引入室内开始,例如把在户外散步时发现的树叶、植物的种子或院子里掉落的树枝带入室内。当你与儿童分享有关你自己的校外生活时,他们会对此充满好奇。这种好奇可以成为激发年轻学习者学习热情的火花。诗人、科学家、探险家、植物学家、气象学家、建筑师、工程师、医生、考古学家、运动

员和艺术家的灵感都来自大自然。灵感可以来自户外体验，也可以来自室内的自然体验。当教师为儿童提供体验并让他们发挥主导作用时，就会出现令人兴奋的 STEM 发现。

将户外引入室内

拥有充足的户外空间，供孩子们全面进行 STEM 学习可能是一种奢望。许多儿童仍然无法定期参加户外学习活动。下面的故事展示了一所位于城市中的幼儿园如何在有限的户外活动场地内为幼儿提供丰富的 STEM 体验。

东部沿海大城市的一所幼儿园被街道包围，街道之间有人行道和停车场。幼儿园内没有户外活动场地。贾丝明老师和她的助教带着孩子们步行到当地的公园去体验大自然。虽然他们的幼儿园被混凝土和沥青路面包围着，但孩子们通过户外探险的过程收集石头、树叶、树枝和羽毛，把大自然带到了他们的园所里。他们把这些东西放在由贾丝明老师保管的袋子里。回到幼儿园后，贾丝明老师会在大组讨论时间拿出袋子里的每件物品。她会发起对话，例如："如果我们用放大镜观察这块石头，不知道能不能看到新的东西？""我想知道这种羽毛是什么鸟的？""你认为这只鸟为什么会掉羽毛？"这些对话和问题给孩子们的户外游览赋予了更多的意义，进而引导他们在课堂上进行 STEM 学习。

孩子们用放大镜（技术）练习科学观察技能。在收集各种不同的树叶和树枝时，他们达到了"按属性对物体和形状进行分类"的数学标准。当孩子们考虑如何存放他们新收集的物品时，工程学就开始发挥作用了。他们通过为收集物设计盒子来解决这个问题。最后,在贾丝明老师的帮助下,全班同学一起编写了一个故事,叫作"缺羽鸟的故事"。他们与家人分享了这个故事,并附上了他们在散步时发现的羽毛的照片。

在孩子们无法进行户外活动的情况下,教师可以将户外活动引入室内,并取得同样的效果。这些在室内开展的"户外课程"还能帮助孩子们以真正适合其发展的方式达到读写和数学方面的早期学习标准。让我们来看看杰伊老师是如何将户外活动引入室内以达到早期学习标准的。

最近一场暴风雨过后,杰伊老师发现他家附近有一棵小树倒了。他决定把树枝拿到幼儿园,让孩子们研究一下。一个孩子说,这看起来像他家附近掉落的树枝,于是大家开始讨论最近的暴风雨及其形成的原因。然后,孩子们到外面散步,看看他们所在的地区生长着哪些类型的树,并在杰伊老师的帮助下辨认树的品种。他们用放大镜观察生活在树枝上的昆虫,并将观察结果记录在科学日记中。随着学习的深入,他们的绘画也越来越细致。孩子们掌握了丰富的有关树木的学术词汇(如树皮、树根和光合作用),并对树木的生长过程和导致树枝掉落的天气有了科学的认识。这种探索为孩子们提供了发展口语技能和学习学术词汇的途径,也为他们提供了真实的机会来练习新萌发的写作技能。

如果杰伊老师仅仅提供树木的图片,那么孩子们的学习内容就不会那么丰富。如果儿童没有机会到户外学习,那么教师应该尽可能地将大自然引入课堂。例如,你可以引入蝌蚪,让孩子们观察它们如

何发育成青蛙。孩子们可以用夹板、纸和笔记录他们看到的一切。这将引发一场关于青蛙的最佳生活环境的对话,让孩子们明白一旦蝌蚪变成青蛙,它们就会回到自己的自然栖息地。再如,你可以带来各种花卉,让孩子们观察不同花卉的共同点。当孩子们在角色扮演区插花时,你可以花点时间与他们谈论花的各个部分。你还可以和孩子们一起在小纸杯里种下草籽,让他们了解到植物需要水和阳光。然后,让孩子们用剪刀给小草修剪一下。又如,你可以带来各种种子,让孩子们按大小分类。播种后会发生什么?试着和孩子们一起把它们种在装有湿纸巾的塑料三明治袋中,然后将袋子贴在教室的窗户上,观察根系、茎和叶子的生长情况。有没有可以移植幼苗的地方?

在室内积极运用自然进行学习,通常意味着接受一定的脏乱。如果你任教的幼儿园不允许这样做,那么你就需要展现创造力。你可以引发关于回收利用的讨论。当你尝试开展一些较为脏乱的项目时,你可以向儿童家长索要报纸或旧桌布,用来遮盖桌子和地板,这样既可以让家长和幼儿园管理者了解你重视儿童的主动学习,也能向他们传达你尊重教室空间的态度。

幼儿户外活动主题

已经有许多早期教育机构使用主题来组织课程。如果你调查一组幼儿教育工作者，了解他们在课堂上使用的主题，那么你很可能会听到"我的社区""五感"和"四季"等主题。这些主题年复一年，周而复始。让我们来看看几个常见的幼儿教育主题——南瓜、消防员和颜色——看看你如何利用"学习生命周期"来创造真实的、以儿童为主导的学习体验。

南瓜

10月，走进美国任意一家幼儿教育机构，你都可能会看到南瓜。有时，孩子们对南瓜的接触仅限于统一的剪纸活动——将纸质南瓜钉在墙上，或者在大组活动中雕刻一个真正的南瓜。你可以轻松地将这些课程转变为包括STEM学习在内的户外动手探索课程。以下是一些关于户外区域活动的点子。

- 切掉南瓜的顶部，鼓励孩子们用手把南瓜子掏出来（对触觉敏感的孩子来说，可以用勺子或其他器具）——不必担心在户外弄得很脏！在孩子们体验之后，大声问："我们能吃南瓜里面的种子吗？我们怎么才能知道南瓜子能不能吃呢？"提出这些问题就是在示范产生好奇的过程，并引导年轻学习者进入"学习生命周期"的下一阶段。
- 把户外角色扮演区布置成农贸市场，让孩子们假装采南瓜和出售南瓜。（有关在户外设置活动区的简单方法，请参见第八章。）
- 在户外数学区添加干南瓜子，让孩子们数一数，或者把它们当作农贸市场里的钱。

- 在户外阅读区为孩子们提供有关南瓜的虚构类或非虚构类图书。(如果图书被放在户外,应确保其免受风雨的侵蚀。)
- 在户外教室的精细动作和感官区添加几个切开的南瓜,让孩子们摸摸里面,取出种子。
- 春天,把南瓜子种在阳光充足的地方。

在南瓜被切开后的几天里,孩子们开始见证南瓜的腐化过程。这个项目在环境教育方面具有延续性的作用。

汤姆老师把南瓜切开,放在感官桌上两天,让孩子们探索。在会议时间,他们决定给南瓜起个有趣的名字。汤姆老师把大家提议的名字写在白板上。孩子们轮流投票,选出自己最喜欢的南瓜名字。之后,他们讨论将南瓜放在户外的什么地方(草地、人行道、田野、树林等)以及为什么。

一旦确定了位置,孩子们就会写日记,记录南瓜的样子,然后在下周回顾这些记录,并增加新的变化。问题随之而来:南瓜里面有虫子吗?为什么里面会有虫子?有没有牙印?可能是谁的牙印?有没有霉菌?霉菌是如何生长的?汤姆老师制作了一张图表,记录孩子们每周一对南瓜状况的描述。他们将最初对南瓜的描述与现在南瓜的样子进行比较。孩子们对他们所看到的南瓜状况进行预测,并在日记中记录他们所看到的景象,从而引发更多讨论,这些讨论关于环境中可能想吃南瓜的动物(食草动物、食肉动物和杂食动物)。汤姆老师通过提供有关吃南瓜的动物、霉菌的发展等方面的书籍和视频,帮助孩子们回答他们的问题。

然后,孩子们会以写班级故事、画画、写每日观察日记或编歌的形式分享信息。(想想真正的英语语言艺术整合和学习吧!)

消防员

"社区工作者"是幼儿教育中的一个典型主题。与该主题一样,"消防员"这一单元主题也可以从"好奇"开始:消防员是什么样的?正如下面的小故事所展示的,将这个单元的学习转移到户外有助于培养孩子的基本科学素养。

为了让孩子们了解消防员可能是什么样的,埃玛老师引导孩子们讨论可以用什么东西来帮他们进行角色扮演游戏。孩子们认为,在游戏中使用喷壶是一个很好的方法。埃玛老师指出,使用喷壶有助于培养孩子们的想象力,还能锻炼他们的手部力量,提高他们的精细运动能力。在户外,她挑选了四名孩子和她一起去"树林"(户外场地中的一片树林),在悬挂在晾衣绳上的旧床单上画"火"。然后,孩子们跑回其他孩子聚集的地方,大喊:"着火了!着火了!"一个孩子用户外角色扮演区的一部不能用的旧电话假装拨打"911"[①]。扮演消防员的孩子接到了紧急电话。他们迅速穿上消防服,拿起喷壶。他们在教师的带领下跑到树林里,对着画在床单上的"火"喷水,直到"火"被扑灭(画的"火"被洗掉)。埃玛老师解构了这个观察到的场景,并将其与灭火的科学原理结合起来。

游戏继续进行,孩子们轮流当消防员、"画家"和拨打"911"。在灭火的过程中,埃玛老师用适合儿童年龄的科学术语解释了他们正在做的事情。大多数孩子在对话中使用了"燃料""点燃""熄灭"等词,从而积累了学术词汇,如果只给孩子提供关于消防车的涂色纸则无法达到这一点。此外,让孩子们穿上自己的消防装备来防止"着火"(在本案例中,塑料消防头盔可防止孩子们被床单上的颜料溅到),等于让他们上了一节STEM基础实践课,了解人们如何使用工具来解决问题。他们还了解到消防员穿着特殊的衣服,以防着火和受热。之后,教师把画好的床单搬进室内,孩子们继续重演灭火场景,但这次他们的喷壶里没有水。

---

① 美国通用报警电话号码。中国火警电话号码为119。——译者注

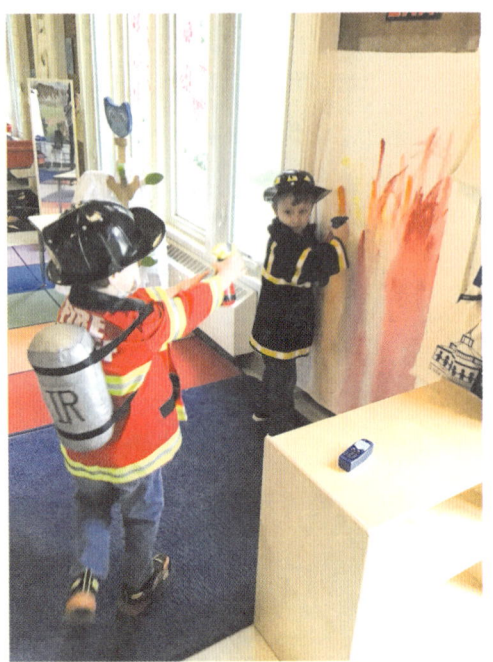

埃玛老师解释说:"孩子们参与了这项活动的方方面面。我通过一个基于游戏的活动来支持他们的想法,这个活动源于我们一起进行的研究。"她在每天的口语课上介绍背景知识和运用学术词汇,在户外活动时间为孩子们朗读有关消防员、扑灭森林火灾和消防安全的书籍。一些孩子说,他们从新闻中听说过森林火灾。埃玛老师借此机会提出了一些令孩子们"好奇"的问题:"如果我们没有树林和树木,那会是什么样子?""我们如何保护土地,以免发生火灾?"通过讨论,埃玛老师安排了一次访问当地消防局消防员的活动。她问孩子们想从消防员那里学到什么。孩子们想更多地了解他们的消防车。孩子们还决定与消防员分享自己的日记。这次访问是孩子们和专业消防员之间的一次合作,他们都分享了对这片土地的热爱。

颜色

另一个在幼儿园里常见的主题是颜色。在每个幼儿园或学习中心，教师们每天都能听到关于颜色的对话："我喜欢你衬衫的颜色！""你的车是什么颜色的？""你穿什么颜色的鞋子？"有些教师喜欢一天聚焦于一种颜色的想法，比如设置"红色日"，在这一天里，每个人都穿红色的衣服，所有的活动都围绕红色展开。一位富有创意的教师利用颜色主题让儿童在户外练习观察能力。

莉莉老师用当地五金店的金属碎片制作色卡。每个色卡都有不同的颜色。莉莉老师和孩子们一起漫步于大自然，用色卡来辨别他们在大自然中找到的颜色。孩子们收集与色卡颜色相匹配的自然物品（树叶、松果、小石头及橡子）。他们把收集到的物品带到户外艺术区，利用收集到的物品制作拼贴画，并进一步谈论他们看到的颜色。在发现大自然的色彩的基础上，莉莉老师决定不再把画架上的颜料放在不同的容器里。相反，她会在画架上摆放调色板和少量的原色颜料，这样孩子们就可以混合颜料，得到自己想要的颜色。在本单元结束时，莉莉老师注意到孩子们关于不同颜色的词汇量增加了，学会了混合颜色，并注意到了颜色之间的细微差别。

通过积累经验，教师开始接受探究式的教学方法，自然而然地摆脱了说教式的教学方法。在这样的环境中，教师不是向儿童灌输信息，而是引导他们进行研究，让他们自由质疑、假设、观察、记录和测试。幼儿是天生的探索者，他们的好奇心正处于高峰期，需要教师引导他们通过动手调查来探索和了解相关信息。教师提供的学习体验对于儿童的某个想法能否生根发芽起着决定性的作用，而这又促使

"学习生命周期"进入下一阶段——让好奇心生根发芽。

问题：反思与实践

- 想想你最近教过的一个单元。如何将其转变为以儿童主导的？
- 如何将它带到户外？如果不能走出户外，如何将户外引入室内？
- 你是否与儿童分享过找到问题答案并学以致用的兴奋之情？你这样做就是在示范"啊哈"时刻。
- 在你目前的实践中，你是如何将户外活动与STEM教育和主题结合起来的？如何将当前的主题转移到户外？

第五章

让好奇心生根发芽：21 世纪技能

让我们来看看"学习生命周期"这一阶段的组成部分，以便更好地了解教师如何支持儿童的好奇心。

21 世纪技能

户外是灵感的源泉，也是实践 STEM 和 21 世纪技能的完美舞台（Scott，2017）。从表面看，户外教育似乎只能让孩子们为 18 世纪的"前科技"世界做好准备。恰恰相反，户外体验为所有儿童提供了充足的机会来解决问题、交流、创造、利用工具进行创新（这是 STEM 的核心），培养批判性思维能力、协同工作，以及掌握早期学习标准中的读写和数学技能，而这些技能对于在 21 世纪的世界中"遨游"是绝对必要的。在此基础上，教师可以培养出能够批判性思考和有效使用技术的公民。研究人员意识到，当从事常规工作的人被计算机取代后，工作环境会发生变化，他们认为有必要重新审视现有的工作以及从事这些工作所需的技能（Jang，2016）。巴特尔儿童网络（Battelle for Kids），制定了一个被称为"21 世纪幼儿学习框架"的集体学习愿景（Scott，2017）。该框架包括儿童为在工作和生活中取得成功而必须掌握的技能、知识和专长，将内容知识、具体技能、专长

和素养融为一体。我们关于好奇心和求知欲的讨论主要集中于该框架中的学习和创新技能(也称为"四个C"):

- 批判性思维(Critical thinking)
- 协作(Collaboration)
- 创造力(Creativity)
- 沟通(Communication)(Scott,2017)

美国环境保护局(Environmental Protection Agency,EPA)认为,这些技能与环境教育密不可分。环境教育能够促进学习者发展批判性思维,使他们能够做出有意义的决定,甚至解决与环境有关的问题。户外教育的馈赠在于,孩子们会在户外自然地产生好奇心。由于实践的真实性,儿童在户外获得的知识会伴随他们长大成人(Bilton,2018)。孩子们在好奇的过程中锻炼批判性思维,学习如何解决实际

问题，同时了解自己的世界。

幼儿是天生的探索者和研究者。他们一直在探索如何了解周围的环境以及自己如何置身其中。事实上，你可以从他们与遇到的每个新物体的互动方式中看到科学方法的应用（Gurholt & Sanderud，2016）。下面的例子展示了幼儿眼中的科学发现。

想象一群孩子在炎炎夏日在洒水器下玩耍。他们花了几小时观察、实验和测试。是什么让水从洒水器里喷出来？水会喷多高？我能控制出水量吗？水是冷的吗？当我踩到洒水器上并盖住小孔时会发生什么？洒水器所在的草地会怎么样？每一个问题都会引出科学、技术、工程和数学课程。

批判性思维

大自然有一种促进思考的力量——深入思考会产生质疑。质疑会促进研究，研究需要实验，实验会产生"啊哈"时刻。户外教育的深层目的不仅仅是为孩子们提供一个发泄情绪的场所（Haugen，2019）。在户外教育中，孩子们可以培养自己提出问题和解决问题的能力，从而以适合其发展的方式为"上大学和就业做好准备"。这些批判性思维能力是 STEM 学习和"啊哈"时刻的原动力。对于幼儿教育工作者来说，批判性思维始于好奇心。

> 你上一次迫不及待地与儿童分享自己的成就或刚学到的知识是什么时候？你在好奇什么？

协作

在户外，你还会听到"看我找到了什么！"或"看我这样做会发生什么！"。与在教室里面对四面墙壁不同，户外活动能促进协作。例如，在搬动沉重的轮胎、用大块木头搭建或攀爬高大的建构物之前，儿童往往会先向朋友求助。诸如此类的活动可以锻炼儿童的身体力量和灵活性。此外，这些经历还能培养儿童的自信心、能动性和自我效能感——在行动中进行真正的社会情绪学习（DeMeulenaere，2015）。社会情绪学习自然而然地融入了户外环境中，满足了儿童在身体、社会情绪、智力和精神方面的发展需求。虽然有些人可能会从表面看待这些户外活动——毕竟，我们中的大多数人在校期间都有课间休息，但我们知道，在户外环境中学习的幼儿在教师的帮助下，是能够达到现行的教育标准的。

创造力

户外是儿童培养好奇心的绝佳场域。如今，许多家长都梦想自己的孩子成为工程师或科学家。他们希望孩子们能够创造性地思考，然后建造一艘飞往火星的宇宙飞船，或者找到一份软件工程师的高薪工作，引领下一代计算机创新。因此，一些家长为三四岁的孩子寻找幼儿园，这些幼儿园有严格的规章制度，侧重于"为小学做准备"的技能培养，如认识字母、阅读一串不相关的视觉词。然而，正如我们从思想家那里学到的，创新之路不在于死记硬背，正如同皮亚杰在世时反对的那样，我们不该在孩子准备好之前就教给他们一个概念。相反，创新首先需要克服挑战、提出问题并找到解决问题的办法。这是软件工程师和其他问题解决者的工作。儿童需要在探索的环境中培养这些技能，而不是死记硬背。户外活动自然会给孩子带来适合其年龄的挑战，这些挑战需要创造力和解决问题的批判性思维。孩子们可能需要想办法绕过游乐设施，到达看鸟的地方；可能需要在原木上站稳，才能够到挂在树枝上的树叶。户外可以培养孩子们的好奇心，尊重孩子们在幼儿教育环境中的独特优势，为他们提供一个茁壮成长的场所，让他们以教师未曾预料到的方式发挥自己的天赋。

沟通

沟通是一项复杂的生活技能。通过倾听他人和表达自己，一个人可以更好地了解世界。教师提问的方式对于帮助儿童积累接受性和表达性词汇至关重要。例如，研究表明，当幼儿教育工作者在共读绘本的过程中提出开放式问题时，儿童会用较长的句子来回应，这通常意味着他们在练习使用新词汇（van der Wilt，van der Veen，& Michaels，2022）。

教育工作者还必须提出封闭式问题，以了解儿童是否知道答案。（封闭式问题可以用简单的"是"或"否"或者几个词来回答，重点在于找出事实。）这类问题有助于评估儿童对核心内容（如加法、减法、字母和数字识别、书写、拼写等）的掌握情况。在学习这些技能时，记忆事实是必要的。在STEM教学中，回答开放式问题的过程是学习的原动力。我们把记住的数学公式和代码作为工具，帮助我们理解自己的发现。

开放式问题可以让孩子们打开话匣子，往往问题的答案不止一个。回答者的答案是独一无二的。例如，一个经典的开放式面试问题是："你认为自己五年后会做什么？"每个人都会根据自己的认知、理想和能力来回答这个问题。开放式问题要求回答者进行思考。他们不能用简单的"是"或"否"来回答。对于幼儿教育工作者来说，提出开放式问题有助于他们知道儿童是否对某一主题已有了一定的了解。通过他们的回答，你可以发现他们在理解某个主题时可能存在误解。

以第二章中的放飞蝴蝶为例。在思考蝴蝶为什么没有从打开的网中飞走时，孩子们对蝴蝶只会往上飞有很大的误解。教师把这视为进一步延伸儿童已有认知的机会。她没有纠正孩子们的错误认知，而是激发孩子们的好奇心，让孩子们探讨蝴蝶行动迟缓的其他原因，从而检验孩子们是否意识到自己的误解，同时鼓励他们进一步学习。如果你觉得很难提出开放式问题，那就从倾听课堂上的小学员们开始吧。站在他们的角度，和他们一起玩。和他们一起大声地表示好奇，你也会对这个世界有新的认识。

- 我想知道我们怎样才能解决这个问题。
- 我想知道成为一个……会是什么样子。
- 我想知道我们怎样才能一起做到这一点。
- 我想知道如果我们……会发生什么。
- 我想知道为什么当我这样做的时候会发生这样的事情。

问题：反思与实践

- 你与儿童分享过你的好奇吗？我想知道为什么……我想知道如何……我想知道是什么……通过这种方式，你能够为儿童树立批判性思考的榜样。
- 儿童如何创造性地表达所学知识？
- 你班上的孩子曾有过兴奋地学习新知识的经历吗？当时的情况是怎样的？你的角色是教育者还是引导者？
- 请参阅附录 A 中提供的自我评估方法，了解自己对"四个 C"的理解程度。

第六章

在户外学习生命周期中发掘 STEM

我们越来越需要以 STEM 为基础来了解我们所生活的世界。我们中的许多人都有过觉得科学课和数学课不够生动和贴近生活的情况,这让我们不禁要问:"我学这个干什么?"无论我们在 STEM 方面的经验或背景如何,幼儿教育工作者都有责任为儿童打开这个世界。这往往意味着,作为教师,我们要找到自己的快乐、"火花"或好奇,这样我们才能与儿童分享这种好奇。科学、技术、工程和数学是儿童发掘探索乐趣所需的工具。

本章首先讨论 STEM 以及如何让它成为"学习生命周期"的组成部分。然后,我们将提供两个实施 STEM 课程的例子,一个是由儿童发起的,另一个是由教师发起的。

科学、技术、工程和数学 =STEM

直到 21 世纪初,个人计算机和智能手机的技术革命重新引起了人们对 STEM 的关注,STEM 这一缩写才开始被普遍使用。在 21 世纪的头 10 年,大多数州都为幼儿园至十二年级的儿童制定了 STEM 实践标准,因为有些人认为美国正在"落后"于国际水平(McClure et al.,2017)。如今,大多数工作都要求员工具备 STEM 技能。STEM

学科不仅仅强调记忆数学知识或开展科学与工程实践。儿童需要了解 STEM 技能如何帮助他们发现并批判性地思考现实生活。这需要热衷于与孩子共同学习的教师发挥指导作用。正如我们在"学习生命周期"的第二阶段所学到的,孩子们自然会对户外环境(特别是他们自己所处的环境)产生许多疑问。无论是从家走到校车旁,还是在公共场所玩耍,抑或是在自家后院探索,孩子们都会注意到天气的细微变化,还有树木、岩石和地面泥土的细微差别与变化。这种天生的好奇心有助于他们的探索与发现,而这正是 STEM 的核心。

STEAM

STEM 加上艺术(Arts,A),就是 STEAM!2013 年,罗德岛设计学院前院长约翰·梅达(John Maeda)率先倡导在 STEM 中加入艺术元素(Burry,2018)。他的理由是,要有效地解决问题,就必须考虑其背景。如果拥有艺术领域的基础,那么更容易描绘这些背景。回顾我们之前提到的思想家,以及蒙台梭利认为游戏是有诗意的,那么利用艺术学习为 STEM 补充背景就不足为奇了。

科学

科学覆盖了广泛而多样的知识基础,包括以下学科。

- **自然科学**:物理、化学、天文学等。
- **地球科学**:地质学、气象学、地理学、海洋学等。
- **生命科学**:生物学、生理学、植物学、动物学等。

认识到在很多选择面前，我们有很多机会利用科学来寻找答案，可能对我们有所帮助。虽然教师不需要具备全面的科学知识，但他们确实需要有一种好奇心，与儿童一起遵循科学方法，并在自身不具备某一学科专业知识的情况下，与儿童一起学习。即使可能无法得到自己所期望的答案，教师也必须愿意开展科学实验。用马拉古奇的话说，教师必须在科学中"津津乐道于不确定性"。

此外，为儿童搭建支架的做法也是必要的，这样他们才能从一个层次的理解上升到另一个层次的理解。一个善于倾听儿童心声的教师会发现儿童的一些共同兴趣，并能利用这些兴趣来制订教学计划。教师可以用科学的方法引导孩子们像科学家一样去发现和探索。学习生命周期的四个阶段可以用科学方法来表示（参见表6.1）。

表6.1　科学方法与学习生命周期

科学方法	与学习生命周期的对应
提问	体验引起好奇
进行背景调查	让好奇心生根发芽
进行假设	STEM
验证假设	STEM
分析结果	STEM
分享数据	创意表达、交流

技术

STEM是科学方法，即发现问题，然后解决问题。STEM中的T代表用于解决问题的技术工具。最复杂的计算机也不能直接算作STEM中的T，除非它是用来解决问题的。例如，在教室里，孩子们可能在一个活动区中观看平板电脑上的视频。在这种情况下，平板电脑并不能被视为 STEM 中的 T，因为它不是用来解决问题的，它只是一个观看视频的设备。但是，如果孩子们用这台平板电脑拍摄南瓜腐化的过程，以便回去分析这些照片，那么这就是 STEM 中的 T。对于幼儿和成年科学家来说，技术工具可以是一个放大镜，用来观察蝴蝶翅膀的细节，也可以是一把镊子，用来夹住一片薄片。

工程

STEM 中的 E 代表工程。无论是在航空航天、机械、土木、电气还是软件领域，工程师的主要工作都是解决问题。他们解决问题的过程就是工程设计的过程。首先，他们提出问题：问题是什么？需要解决什么问题？其次，他们调研如何解决问题，并设想通过不同的方式将他们所学的知识应用到问题解决的过程中。有了这些信息，他们就会构建解决方案的原型，并对其进行测试，看它是否真的能解决问题。接下来是评估：问题解决了吗？为什么解决了或为什么没有解决？然后根据结果重建原型，并再次进行测试。这个过程一直持续到工程师对结果感到满意为止。

在孩子们的户外世界里，利用工程学的活动可以是在干旱时收集雨水浇灌花园，也可以是利用自然材料和松散性材料在儿童自制的"河流"上造桥。工程学实际上是我们生活中的一部分，因为我们在生活中不断探索和解决问题。户外学习空间是一个自然会出现真实问题的地方；在这里，作为工程师的儿童可以使用他们的工具来解决这些问题。

数学

STEM 中的 M 是数学。数学是我们了解世界和解决问题的工具。目前，许多州都在使用"共同核心州立标准"（Common Core State

Standards，CCSS），该标准是美国全国州长协会和商界领袖共同制定的（2010）。这些标准的重点不是死记硬背数学知识，而是强调运用计算技能解决问题。在"共同核心州立标准"中，有几个总体性的数学目标：理解问题并解决问题，进行抽象和定量推理，构建可行的论据并对他人的推理进行评论，以及有策略地、精确地使用适当的工具。户外学习可以自然而然且真实地实现这些总体目标。孩子们当然需要掌握计数和计算技能，但是如

果学习仅止于此，而不强调这些技能在问题解决中的应用，那么孩子们将永远无法实际使用所学技能。值得注意的是，第一个总体目标包括持之以恒。如果一个人没有坚持完成任务的毅力，那么即使有再强的数学技能也没有用。户外空间为我们提供了必要的环境，使我们能够发现或创造出值得解决的问题，并且为此付出持之以恒的努力。

在下面的例子中，我们将看到一个真实的户外学习案例。在阅读的过程中，请注意 STEM 要素在这个例子中的应用。

由孩子生发的户外 STEM 课堂

教师要找到一个由儿童发起的主题，首先需要发现儿童对什么感到兴奋。最简单的方法就是关注他们的游戏。

一天下午，孩子们在操场上挖土。教师注意到孩子们完全沉浸在游戏中。他和助教决定放弃当天的课程计划，鼓励孩子们继续玩耍。

一个孩子发现了一条蚯蚓，其他孩子马上过来看。孩子们提出问题：

- 触摸它时我们有什么感觉？
- 它的头在哪里？它有眼睛吗？
- 它身上的环是什么？
- 你在哪里挖到它的？
- 它们为什么会出现在我们的游戏场地上？

教师无法忽视孩子们拿着活物的兴奋，以及激发出的天然好奇心。他们决定利用这些问题——当下由孩子生发的"好奇"（学习生命周期的第二阶段）——来开展以"蚯蚓"为主题的环境教育活动。

教师在尝试这种方法时可能会犹豫不决，特别是在他们对该主题知之甚少的情况下。然而，花时间与儿童一起研究该主题的教师会发现，这对每个人来说都是一次丰富的经历。研究并不难。教师在互联网上搜索，就能获得向幼儿及其家长解释科学概念所需的信息。

到了该进教室的时候，孩子们向教师提出的第一个问题就是："我们能不能把蚯蚓带进教室？"为了促进儿童的自主性，教师们决定协助孩子们研究"把蚯蚓带进教室"是不是个好主意。孩子们从图书馆找到了非虚构类和虚构类图书，这样他们就可以获取相关的信息。在其中一本非虚构类图书中，他们发现了关于蚯蚓的知识，这也促使他们开始下一个项目：在自己的教室里制作蚯蚓养殖缸。

第六章　在户外学习生命周期中发掘 STEM　　073

教师用一个旧水族箱来制作蚯蚓养殖缸。孩子们协助制作，在其中加入报纸、泥土、堆肥，当然还有他们在游戏场地上找到的蚯蚓。他们将蚯蚓养殖缸放在与眼睛平齐的位置，以便每个人都能看到。教师向孩子们提出问题，例如：

- 蚯蚓在蚯蚓养殖缸里生活需要什么？
- 我们应该在蚯蚓养殖缸里放多少条蚯蚓？
- 在教室里开灯时，如何让蚯蚓养殖缸变暗？我们需要什么工具？
- 蚯蚓应该吃什么？

孩子们开始了解蚯蚓的作用（挖穴松土、分解有机物）以及蚯蚓对环境的重要性。利用蚯蚓养殖缸，孩子们在课堂上进行了与查尔斯·达尔文（Charles Darwin）相同的实验。孩子们进行预测，写下他们的假设（在教师的指导下），并使用科学方法来验证假设是否属实。

- 蚯蚓喜欢哪种叶子——芹菜叶还是胡萝卜叶？（这些蚯蚓喜欢芹菜叶。）
- 当敲击蚯蚓养殖缸时，会发生什么？（蚯蚓会向下钻，以躲避捕食者。）

在上面的例子中，教师相信，所有这些研究和使用的科学方法都会促进孩子们的 STEM 学习。教师可以通过多种方式将蚯蚓引入户外或室内课堂的每个区域。例如：可以在角色扮演区投放显微镜，让孩子们成为"蚯蚓"科学家；可以在桌子上摆放蚯蚓标本，让孩子们观察，并据此进行绘画和标注。在户外的书写活动中，可以给孩子们提供笔记本或写字板，为他们提供一个固定的书写场所。孩子们可以用松散性材料来呈现蠕虫的生命周期。美术画架可供孩子们画蚯蚓养殖缸或游戏场地上的蚯蚓。教师不必提供"蚯蚓色"的颜料，孩子们可以混合颜料，为蚯蚓找到匹配的颜色。孩子们也可以收集泥土，加水，用泥巴代替颜料作画。孩子们还可以用日记记录实验过程。他们还可以用尺子测量蚯蚓的长度，并在教室里放一张记录蚯蚓长度的图表（这些长度可以按照从最短到最长的顺序排列）。

通过孩子们发起的"蚯蚓"主题活动，所有的 STEM 学科都被涵盖其中。孩子们在测量和挖掘有一定深度的土壤时学习数学。他们通过自己翻阅图书或者教师给他们读书来学习读写。他们通过蚯蚓养殖缸学习环境科学。他们通过在日记里记录发现来学习语言艺术。他们通过与蚯蚓有关的工作者（如科学家和农民）学习社会科学。挖掘、书写、绘画、测量和通过平板电脑记录时所使用的工具都体现了技术的应用。

最后，孩子们学到的最重要的内容也许是，蚯蚓在户外似乎更健康。蚯蚓养殖缸里的环境可能不太适宜，很多蚯蚓都无法存活。孩子们认为，蚯蚓在户外更快乐。

孩子们在户外的经历引发了他们对蚯蚓的好奇，进而利用 STEM 来寻找答案，并由此获得新知识和分享想法。接下来，这些新想法又会带来什么呢？户外学习的生命周期肯定会重演，因为随着季节的变化，户外活动也会给孩子们带来新的体验。

改变教师主导的 STEM 活动

接下来，让我们看看如何将一堂课转变为户外学习体验，将课堂上教师主导的典型活动转变为儿童主导的学习体验。要做到这一点，教师要转变对课程和儿童如何参与的思考。教师思维方式的转变将促进儿童主导的户外烹饪课程的生成。让我们从教师最初的烹饪课程开始。

一位幼儿园教师策划了一门烹饪课程——烤蛋糕,以展示数学在厨房中的应用。他坐在教室中央的一个桌子旁,孩子们则坐在可以观看但不能触摸的地方。教师让孩子们轮流搅拌面糊,每个孩子只需要在碗里搅拌几秒。他们实际接触原材料或器皿的时间很少。教师负责测量和浇注、混合原材料,然后收拾桌子,由教师助手将蛋糕送入烤箱烘烤。

虽然食材是真实的,但教师主导的活动几乎没有给学习者留下真实工作的空间,孩子们也没有机会通过发现和试错来学习(McLeod & Shareski,2018)。室内的烹饪课是为了方便教师的控制,涉及很多限制性很强的规定(McLeod & Shareski,2018)。除了偶尔的失误(如水溢出或忘记加盐),几乎不会出现意外。在通常情况下,这样的意外并不被视为孩子们的学习机会,更多地被视为负面的干扰。

遵守规定和服从是教师主导的课程的目标(McLeod & Shareski,2018)。在这种情况下,教师很容易被互联网上的烹饪节目取代。现在,让我们思考一下可以采取哪些措施,将教师主导的室内烹饪课转变为儿童主导的户外活动。

转变视角

在教师主导的室内烹饪课中,孩子们能体会到在厨房里应用数学吗?能。但这些知识的重要性是什么?他们将来会如何使用这些知识

呢？这堂课的目标是有限的。这堂课的本意是开展数学活动，实际上却是一堂练习倾听技巧的课，是一堂令人沮丧的课。孩子们不应该是被动的参与者，而需要成为主动的学习者。教师需要重点关注自己希望儿童练习的并适合其发展的技能。如果允许儿童与教学内容"共舞"，那么他们就能实现更深入的学习（McLeod & Graber，2019；McLeod & Shareski，2018）。这种方法会使教师和儿童都发挥出创造力。那些促进批判性思考的驱动性问题是"四个转变模型"（4 Shift Protocol）的基础，这个工具可以帮助教师思考如何更好地把单元学习转化为更加有深度的学习体验（McLeod & Shareski，2018）。"四个转变模型"关注深度思考、真实的工作、儿童能动性和个性化，以及技术融合（McLeod & Shareski，2018）。斯科特·麦克劳德和朱莉·格雷伯（Scott McLeod & Julie Graber，2019）开发了这一工具，旨在帮助教育工作者将技术融入课程，从而创造更加有深度的学习体验。对于想要重新设计课程与主题的教师和管理人员来说，这个工具非常有价值。我们喜欢使用这个工具对课程内容进行微调，从而让孩子们在户外的学习体验更有深度，同时补充一些其他内容来达到学习目标。你可以在线了解原版的"四个转变模型"。麦克劳德和格雷伯建议教师先考虑课程的目标，以及如何将批判性思维、反思、真实性和创造性融入课程。

首先选择一堂课进行研究。从四个转变（深度思考、真实的工作、儿童能动性和个性化，以及技术融合）中选择一个或多个转变方向，并审视自己当前的做法，考虑如何改进这堂课。

- **深度思考**
  - 领域知识：儿童将达到哪些课程标准？
  - 批判性思维：我将提出哪些开放式问题？
  - 解决问题：是否有需要解决的问题？我将如何整合 STEM 来解决问题？
  - 创造性：儿童是否有机会以个人的方式表达自己学到了什么知识？
  - 元认知：我是否在课程中为儿童留出了反思的空间（在教师的指导下），以便他们能够表达自己学到了什么知识？
  - 评估调整：我如何让孩子们参与评估自己的学习情况？
- **真实的工作**
  - 真实还是虚假：我的课程是否与真实的人、动物或儿童的校外环境有关？
  - 真实的角色：儿童是否以真实的方式练习角色？
  - 领域实践：儿童是否在练习使用本学科的特定词汇，如数学中的"等式"或科学中的"蝴蝶用它的口器吃东西"？
  - 真实的工具：儿童是否使用了与课程相关的真实工具？
  - 真实的评估：我的评估是否结合了发展适宜性实践，是否真实地反映了每个孩子的能力？
- **儿童能动性和个性化**
  - 谁选择学习目标？
  - 谁选择活动？
  - 谁选择儿童展示所学的方式？

- 谁是谈话时间/工作时间的主要驱动者？
- 谁的兴趣得到了体现？
- 谁选择使用哪种技术？

- **技术融合**
  - 儿童是如何进行交流的？两人一组、多人一组，还是单独与教师交流？
  - 是否使用技术来促进交流？照片？书写？图表？
  - 是否与班级儿童、其他班级儿童、其他学校儿童、家庭进行合作？

让我们思考一下室内烹饪课。有两个可以转变的地方：真实的工作、儿童能动性。要检查真实性，就要考虑儿童的体验是否真实，即与专门从事这个行业的人的工作体验是否接近（McLeod & Graber，2019）。在本案例中，儿童是被动地听和看。他们没有感受真正厨师的特定实践和流程，如称重、混合原材料、看或写食谱。接下来，让我们考虑一下儿童的能动性。课程由教师控制，选择学习目标和活动，安排谈话和工作时间，选择和使用技术（McLeod & Graber，2019）。教师是"讲台上的圣人"，这种方法无法达到更深层次的学习效果。看教师做饭的任务要求不高且乏味，尤其是每个孩子都要等待轮到自己搅拌面糊，而且搅拌的时间只有几秒。儿童的批判性思维和协作工作等深层学习能力并没有得到锻炼（Hewlett Foundation，2013）。教师要求儿童只看不碰，就在不知不觉中扼杀了他们进行批判性思考或解决复杂问题的机会。教师没有鼓励他们与同伴合作，甚至没有鼓励他们使用真实的工具（手动搅拌器、勺子、抹刀）。

为了提供深度学习的机会，教师需要有一个让孩子们练习烹饪技能的地方，并且不用担心出错或脏乱。从这个角度来看，在户外厨房

设计烹饪课程是合理的。教师决定，烹饪课程的目的是让儿童练习倒水、称重和混合原材料，以及写食谱。教师只需重新设计课程以实现这些目标，活动就会变得更具创新性。尽管户外厨房中的食材不能食用，但孩子们亲手操作的活动能够体现其真实性。

拥有户外厨房的教师表示，孩子们拥有更多的控制权和独立性，这表明他们的能动性在课程中得到了体现（McLeod & Shareski，2018；Natural Start，2013）。在户外厨房中，孩子们能更好地理解数学概念，如守恒——即使事物的外观发生变化，其数量也不会发生变化（例如，12 只小熊无论是挤在一起排成较短的一排，还是散开排成较长的一排，数量都不会改变）。这就是皮亚杰理论的现实演绎。

……有证据表明，只要让孩子们自己动手倒水和搓泥，他们就能迅速取得突破。105 名一年级儿童需要完成一系列与守恒相关的任务（涉及水、黏土、硬币和绳子）。他们被随机分配，进行"动手"演示的孩子的表现优于只进行观察的孩子。在每项任务中，主动学习者都更容易掌握守恒原理，而这种差异在学习最吃力的孩子身上尤为明显。大约30%的被动观察者在任何任务中都不理解守恒原理。相比之下，只有4%的主动学习者有类似的困惑。动手操作和实践起到了至关重要的作用（Dewar，2016）。

将课程搬到户外的另一个好处是，教师可以避免孩子们被动观察。德瓦尔（Dewar，2016）说："孩子们不需要排队等候，就能触摸到一片树叶或感受到石头光滑的轮廓。"整个户外区域就是他们的教室。

融入儿童的能动性

在重新思考烹饪课时，教师将创建户外厨房作为课程的一部分。他让孩子们参与进来，大声问道："在哪里创建户外厨房最合适？""我们需要什么样的用具？"（Tinkergarten，2019）这类问题为幼儿提供了思考的背景和起点，可以培养他们的想象力和兴奋感，就像第二章中提到的障碍赛一样。幼儿的想象力有助于他们把原木当成炉子，把树木当成冰箱。一旦小组成员的想法达成一致，他们就可以在写作区制作标签，并将其张贴出来以作为提醒。他们选择的户外家具会作为户外厨房的炉灶和工作区。他们在一张简单的桌子下放置一个架子，用来摆放锅碗瓢盆。

创建一个户外厨房

你可以让社区居民参与进来，为创建户外厨房进行募捐。设计厨房时要注意以下几点。

- 有水源吗？有水龙头吗？是否有其他方法将水引入户外厨房？
- 场地提供哪些材料？例如：是否有泥土、橡子和树枝等？需要添加什么材料？
- 有哪些家具？例如：有野餐桌吗？孩子们可以使用塑料箱或木箱吗？
- 孩子们需要什么工具？例如：你是否希望他们使用量杯和小勺子？你是否希望他们使用大勺子、打蛋器和面粉搅拌器？你是否希望他们使用各种大小的锅碗瓢盆？
- 哪些材料和工具可以由家庭捐赠或从旧货店购买？例如：家庭可以捐赠压饼机、炒锅、筷子或钵和杵吗？隔热手套？塑料盘子？

制定项目目标

在创建户外厨房时，要制定项目目标。例如，在户外厨房，儿童将通过研发自己的食谱、与同伴合作以及向教师和家人展示自己的想法来彰显自己的能动性。他们将通过使用真正的厨房用具、倒水和给原材料称重来获得真实的学习体验。他们将学习和练习STEM学科相关的技能，并且在角色扮演中展示更多有关烹饪的技能。

与课程标准一致

教师的户外烹饪课程借鉴了国际教育技术协会（International Society for Technology in Education，ISTE）为儿童制定的课程标准（见下文）。ISTE 制定了相关标准，以帮助教师增加儿童的发言权，并确保学习是一个由儿童驱动的过程（ISTE，n.d.）。你也可以使用你所在州或学区的学前教育标准和框架。

ISTE 标准

- 标准 3：知识建构者
    - 儿童通过积极探索现实世界中的问题和难题、形成想法和理论、寻求答案和解决方案来积累知识。
- 标准 4：创新设计师
    - 儿童在循环设计过程中开发、测试和完善原型。
    - 儿童表现出对模糊性的容忍、韧性和处理开放式问题的能力。

- **标准6**：有创意的沟通者
  - 儿童选择适当的平台和工具,以实现其创作或交流的预期目标。(ISTE,n.d.)

举例来说,如果幼儿园位于马里兰州,教师可以根据该州的学前教育标准来调整烹饪课程。

- **书写**：综合运用绘画、口述或具有发展适宜性的书写方式,呈现有关某个主题的信息。
- **语言**：找出词语及其用法在现实生活中的联系。
- **数学**：
  - 描述物体的可测量属性,如长度或重量。
  - 通过比较5个以内和10个以内的物体来探究它们之间的关系。
  - 识别一组物体的数量是大于、小于还是等于另一组物体的数量(例如,使用配对和计数策略)。

把技术工具带到户外,让孩子们自己操作,这大大改变了原来的烹饪课程。孩子们有机会进行实验,而原来由教师主导的教学扼杀了这种机会。新任务(包括研发食谱和了解厨师的各种工作)重新定义了课程,通过重新设计烹饪课程的重要环节,最终实现了以儿童为主导的创新学习。孩子们通过学习厨师常用的词汇来掌握核心学术内容，并在练习测量、倾倒和搅拌泥土、橡子和树枝的过程中发展精细运动能力。他们将通过轮流扮演行政主厨、厨师长、副厨师长、区域厨师、糕点师、洗碗工、顾客和服务员等不同角色进行协作（Collier，2018）。他们将学会有效沟通、研发和记录食谱。最后，在教师的指导下（参见第三章中的维果茨基理论），孩子们会对自己的工作进行反思，并发展出一种更具学术性的思维方式，即通过改变方向或策略来实现自己的目标。

无论场地多么局促，提供户外体验都非常重要，因为这样孩子和教师就能在他们的学习项目中看到积极的变化，然后在成功的经验中再接再厉。

问题：反思与实践

- 作为一名教师，在备课时，你会先考虑什么？是活动还是课程标准？为什么？
- 如何重新设计户外学习课程，为孩子们创造深度学习的机会？
- 如果将一堂课移到户外，这会如何改变儿童达到课程标准的方式？

第七章

阳光雨露让花园生机勃勃
——园长、教师、家长与利益相关者

有效的幼儿户外教育项目的关键在于利益相关者，他们对幼儿如何学习、现行政策如何推动教学以及如何让STEM融入户外教育并在幼儿环境中发挥作用等问题有概念性的理解。也许你一直在考虑增设一个户外教室，但不知从何下手。你的同事会接受这个新想法吗？家长和社区居民会同意吗？要记住最重要的是，开始做一件新事情需要时间和耐心，哪怕这件事情非常棒，而且明显对孩子们有益。

本章提供了一些必要的策略，帮助你思考如何为儿童提供STEM户外体验。这些策略来自一位幼儿园管理者。在病毒大流行期间，孩子们没办法来幼儿园时，她迅速做出调整，将她的室内幼儿园改建为户外幼儿园。

幼儿园管理者：园丁与种植专家

你是否曾去过朋友的花园，看到所有的花都开得恰到好处？俗话说，这个人一定是一位"种植专家"，意思是他接触的每种植物都会茁壮生长。当然，这忽略了花园里的植物开花的真正原因。园丁已经研究过如何创造最佳的土壤条件，哪些植物会在特定的环境中生长，植物需要多少水，植物需要阳光还是阴凉，如何应对植物病害，如何知道植物是否生病了，哪些植物配在一起会比较好看，等等。

园丁与园所管理者的工作相似。最优秀的管理者都是领导者，他们让领导工作看起来轻而易举。他们的幼儿园以提供高质量的教育而闻名。他们的教师乐于工作。他们走在所有最佳实践的前沿。然而，我们知道，要成为一名优秀的管理者，并没有什么魔法。

优秀的管理者都希望在不断变化的世界中与时俱进。他们的角色要求他们掌握更加全面的理论并付诸实践，培养儿童的 21 世纪技能，即协作、批判性思维、创造力和沟通。总之，这需要付出大量的努力！下面的小故事展示了一位管理者创建户外教室的历程。

病毒的大流行迫使幼儿园园长们重新思考如何为儿童和家庭提供高质量的保育服务。玛吉是一所幼儿园的园长，她与自己的团队、董事会以及其他利益相关者一起研究如何安全地重开幼儿园。玛吉很早就知道户外学习的好处，她很高兴地了解到，在户外，病毒不像在室内那样容易传播。她发现这也是其他幼儿园纷纷开设户外课程的原因之一。她建议利益相关者讨论研究如何开设户外幼儿园，以此来保持幼儿园的正常运营，并满足儿童和家庭的需求。董事会一致认为这种方法值得考虑，并建议成立一个户外教育特别工作组来调研各种可能的做法。工作组成员包括玛吉、几位董事会成员、三位幼儿园教师、一位当地大学的幼儿教育专业教授，以及一位对大自然充满热情的成员，他之前曾在幼儿园实施过"雨水花园"的项目。在第一次会议上，玛吉邀请了一位客座园长，她分享了自己去瑞典参观森林学校的照片（森林学校是该地区盛行的户外学校）。特别工作组第一次听到了这样的理念："没有坏天气，只有弄脏的衣服！"这引发了一场激烈的讨论：他们到底能在多大程度上接受户外学校的理念？对于一些成员来说，考虑建立一所全日制户外幼儿园是一个相当大的飞跃和挑战，但一天中孩子们有部分时间在户外活动的想法似乎是合理的。

玛吉做了更多关于户外学习的研究，并在距离幼儿园一小时路程的地方找到了一所拥有户外教室的幼儿园。她安排工作组成员参观了这所幼儿园。这次关键性的亲身体验坚定了他们创建自己的户外教室的想法。特别是，工作组成员注意到，他们的课程中已经融入了STEM学习内容，孩子们可以通过户外体验来丰富这些内容。在随后

的董事会会议上，工作组成员分享了户外教室的照片。他们的兴奋之情溢于言表：董事会成员一致认为创建户外教室是个好主意。考虑到新教室的选址，一位董事会成员推荐了园内一块尚未使用的美丽林地。

在幼儿园开始扩建时，管理者需要考虑许可证和分区问题。户外教室也不例外。幼儿园的"雨水花园"不需要额外的分区许可，但户外教室需要"改变用途"的许可。热爱大自然的"雨水

花园"建设人员负责解决分区问题。

在整个行动中,有一个小问题:没有围栏。玛吉知道,要在户外教室里安全地照顾孩子们,必须要有围栏,但围栏价格昂贵,他们的预算有限。在一名工作组成员的帮助下,玛吉申请了四项资助,其中两项已申请通过。几个月后,一旦户外分区申请获得批准,围栏就能搭建完成。

幼儿教师:阳光和雨露

幼儿教师都是带着自己的经验和偏见从事这一职业的。许多人之所以选择当幼儿教师,是因为他们倾向于成为培养者。幼儿教育工作者就像阳光和雨露一样,滋润他们播种的体验之种,让问题生根发芽,并通过 STEM 和创造性表达来支持孩子们学习。虽然这个比喻非常美好,但并非所有教师都有信心在户外教授 STEM(Barrable & Lakin,2020)。没关系。向教师介绍户外学习的最佳方式是让他们亲身体验。教师们可以在户外环境中开展专业发展活动,就天气、活动的适宜性、对户外环境的担忧等问题展开讨论。

在特别工作组等待分区申请获批的同时,玛吉希望与其他教职工分享关于户外课堂的经验。她在自然学习中心安排了一次培训,该中心也是特别工作组灵感的来源。她还联系了幼儿的家长,为感兴趣的家长提供了一些参加活动的名额。培训前的一个下午,她在散步时注意到一位邻居正在拍摄鸟类照片,于是她也邀请这位邻居参加培训。教职工和感兴趣的人一起通过亲身体验

第七章　阳光雨露让花园生机勃勃——园长、教师、家长与利益相关者

了解了户外教育的可能性，参观了学习中心的户外教室，并到附近的草地散步。早上天气寒冷，上午11点天气晴朗，下午2点下起了瓢泼大雨！教师们开始接受这些理念，回到幼儿园后，他们允许儿童花更多的时间在操场上，甚至带他们去远足。一天的培训足以激励教师们开始播下新的户外体验的种子。

正如玛吉所发现的，一些家长也希望有这样的交流和体验机会。允许教师和家长表达自己的感受，同时为他们的学习和外出教学提供支架，会产生巨大的影响。所有的学习者，甚至是家长和教师，都需要真实的体验来帮助他们理解概念。有机会进入户外教室，观察在这种环境中茁壮成长的教师和儿童，是无价的。

除了真实的学习体验，教师还可以通过本章末尾的问题来反思自己对户外教育的看法。尽管开展户外教育具有挑战性，但如果教师能够认识到其中的障碍，就能超越目前的态度。他们愿意承担风险吗？他们对孩子们的兴趣敏感吗？由于一味追求干净而非自然，他们错过了哪些机会？他们对环境有什么疑问？他们愿意与孩子们分享自己世界里与环境有关的哪部分经验？表7.1列出了教师可能存在的担忧，并为教师提供了应对这些担忧的方法，使大家能够向前迈进。

表 7.1　陷入泥潭：有效担忧以及如何重构

担忧	挑战性思考
害怕有人受伤	我会确保该区域没有明显的危险。 我接受过急救培训。 我擅长监管。
怕脏	工作时我可以洗手，回家后我可以淋浴或洗澡。 我穿可以被弄脏的衣服。

（续表）

担忧	挑战性思考
害怕生物，如昆虫、蛇、毒藤/橡树等	我能了解环境中的生物，并对所有生物有所敬畏。
担心无法涵盖 STEM 核心学习内容	我知道，要让 STEM 核心概念有意义，孩子们就必须获得有趣的体验。户外体验是 STEM 的基础！
害怕与其他对户外教育持消极态度的教师一起工作	我知道每个人都有担忧，这些担忧可能会产生消极行为。
害怕向管理者征得同意，才能将课堂搬到户外	我可以表现出对户外教育的兴奋，并提出计划，说明户外学习将如何支持具体的 STEM 项目。
对天气变化感到恐惧	在极端的天气条件下，我们有躲避的地方。 我有适合在不同天气下开展户外活动的衣服和鞋子。
害怕家长反对	我可以向家长介绍幼儿进行户外学习的好处，必要时逐步增加户外活动，直到他们看到这些活动给幼儿带来的快乐和学习效果。

如果你有这些担忧，那么你并不孤单。克服担忧需要时间，这些担忧可能会让你无法真正体验户外学习的乐趣，尤其是对于那些从未在大自然中玩耍的人来说。一个好的开始是自己改变自己，为自己提供一些户外体验，比如约朋友一起去当地公园远足。从小事做起，看看这些经历会给你带来什么。循序渐进地改变是好的。虽然你不能拥有一个完整的户外教育场所，但是你为此前进的任何一小步都会让儿童受益。起步阶段最具挑战性的部分往往是习惯于冒险。在幼儿教育机构中，人们往往过分注重保护儿童的安全，这也是理所应当的。然而，接下来的内容将帮助教师为幼儿创造适当冒险的空间。

有限制、有结构的冒险活动

成人观察到儿童在户外活动时所发生的积极变化，并不意味着他们对限制和结构的需求消失了。然而,户外学习需要另一种类型的限制。户外学习的价值足够大,因此冒一些风险是值得的。福禄贝尔在解释这一价值时,举了一个孩子爬树的例子:"爬上一棵新树,就是发现了一个新世界;……我们不应该冷漠地喊'下来吧,你会摔倒的'。"(Tovey,2017)杜威将问题视为学习的机会:"我们只有在遇到问题时才会思考。""失败是有启发性的。真正会思考的人从失败中学到的东西和从成功中学到的东西一样多。"(Smith,2021)

这些话在幼儿教育机构中掷地有声。教育者需要创造学习体验,让儿童能够解决问题,并从发现的过程和结果中学习(Johnson & Reed,2012)。开展户外学习活动不是制定看似武断的规则和程序,而是根据逻辑结果制定合作规则。古尔霍尔特和桑德鲁德(Gurholt & Sanderud,2016)通过关注儿童在大自然中游戏的动机,发现好奇游戏是冒险游戏的有效替代品。他们认为,儿童的动机是好奇:"他们并不是为了冒险而冒险,而是将冒险作为他们不断获得新的能力的一部分,这会让他们发现和创造关于自己和他们所居住的世界的新知识。"(Gurholt & Sanderud,2016)冒险是户外学习的必要组成部分,鼓励孩子们发展批判性思维,了解哪些风险是适当的,哪些风险是应该避免的。例如,雨天过后,教师可能会大声问:

"这根木头会不会因为湿滑而变得很难爬?""你在那块石头上感觉稳吗?"教师还可以在树上系布条,规定儿童不得攀爬,并给儿童提供地标,让他们知道该往哪里跑。在大自然中散步时,教师可以指出他们要走的路(树上画有路标)。到了集合的时间,教师可以模仿特定的鸟叫声或其他动物的叫声,这是全班事先决定好的集合信号。

重视家长的关切

特别工作组坚信,户外项目将以令人兴奋的方式为社区服务。但是,有些家长对此表示担心,他们希望户外学习能以更为学术化的方式呈现(也就是说,孩子们坐在课桌前安静地写作业),而不是教师采用以游戏为基础的方式。为了打消家长们的顾虑,特别工作组在新场地举行了一次开放日活动,向家长解释幼儿的户外学习情况,并鼓励家长提问。教师们在户外教室里摆放了放大镜、野外指南、纸和蜡笔,供孩子们制作树皮拓片。

教师与孩子们的互动就像日常幼儿园活动一样,通过提问打开话题,如:"树皮的触感如何?""我们能在这棵树上找到什么虫子?""让我看看你如何在这块垫脚石上保持平衡!"教师向家长明确解释了这些学习活动如何与学习标准以及相关的入学准备评估相联

系。家长对孩子们在大自然中玩耍持有积极的态度。事实上，一些家长还拍了照片与其他家人和朋友分享。开放日期间，家长们还参观了教学楼，教师们在教学楼里为孩子们准备了各种自然活动，如用木棍在湿沙上写出自己名字的第一个字母。孩子们还对不同大小和形状的石头进行了分类，并用黄色和棕色颜料制作了连翘画。教师再次明确地向家长展示了这些活动是如何与读写、数学学习以及批判性思维联系在一起的。家长们领略到了大自然如何渗透到课程的各个部分，也看到了孩子们在快乐中学习。

有些家长不需要任何劝说就会让孩子报名参加自然课程。这些家长很可能有小时候在户外玩耍的快乐回忆。还有一些家长可能会对自然课程感兴趣，因为它可以与 STEM 学习相辅相成。

玛吉幼儿园的家长们意见不一，他们希望教师在户外环境中开展更多有指导的 STEM 课程。要知道，有些概念和技能（如科学观察技能），在教师作为指导者展示学习步骤的情况下，孩子们会更容易理解（Yurumezoglu & Cin，2019）。教师指导年幼的学习者创造一个游戏，或向他们展示观察蚂蚁的步骤，然后研究蚂蚁的家，这就是为儿童的学习搭建支架，让他们能够在已有知识的基础上继续学习。要想获得丰富的学习体验，就必须进行这些互动。

最近关于教师和家长对户外幼儿园的看法的研究表明，接纳户外学习的教师认为自己的角色是观察者（Hunter, Graves, & Bodensteiner，2017）。家长希望看到教师参与孩子的学习，而不仅仅是他们学习的观察者。知道何时观察、何时指导是一项需要练习的技能。然而，如果教师抓住家长教育的机会或者在每周的交流中向家长明确解释他们的教学方法，那么家长就会理解这种教育方式如何支持孩子发展批判性思维并掌握读写和数学技能。

为了帮助家长更好地理解你以及他们的孩子所接受的环境教育，请经常与他们交流孩子所得到的学习体验，例如："今天，我们观察到蚂蚁在筑巢，并注意到它们在搬运食物。我们读了一本关于蚂蚁的书，知道了一群蚂蚁叫作蚁群。我们还了解到，离开巢穴去寻找食物的蚂蚁被称为觅食者。然后我们玩了一个游戏，假装自己是觅食者，寻找食物带回巢穴。我们假装橡子是蚂蚁的食物，并数数我们收集了多少橡子。"幼儿的家长和教师一样，对自然教育的适应程度各不相同。

教师和管理人员可以在社区张贴适合年轻家长带着孩子在周末探索的自然资源的信息。幼儿园可以腾出空间，让家长志愿者陪同孩子

进行自然漫步。

因为户外材料会自然老化，所以提供愿望清单可以作为一种促进可持续发展的方式，比如请求家长帮助更换旧原木或铺设新的地面覆盖物。利用家长的力量，让他们也有"啊哈"时刻！

正如所有关系的建立一样，沟通是关键。在玛吉的经历中，有一位家长在第一次听说户外教育时，强烈反对这个想法。玛吉对这位家长保持了开放的态度，并继续分享有关户外教育益处的资源。几个月后，这位家长从孩子快乐的脸上看到了户外教育的益处，她的孩子每天回家都会讲述自己当天学到的知识。这位家长成了幼儿园的头号支持者。有一天，她还带着一箱从自家后院找到的沉积岩来到幼儿园。开放的心态、家长教育和快乐学习的孩子会改变大多数犹豫不决的家长的想法。

让户外学习更具有可行性和实操性，往往需要选择专为游戏设计的服装。孩子和教师需要准备在寒冷天气中保暖的外套、在雨天和泥泞路面穿的靴子、帽子、手套、防晒霜和防虫喷雾剂。最好在家长为孩子报名之前就告知他们这些要求。家长需要得到指导，从而了解在特定的气候条件下孩子需要穿什么。

要求家长为孩子购买户外装备会给资源有限的家庭制造难题。一些幼儿园每年都会开展衣物交换活动，这样就可以把高年级孩子已经穿不下的外套或靴子传给其他参加活动的低年级孩子。还有一些幼儿园从社区招募赞助人，为买不起装备的家庭购买装备。只要有创造力和坚持不懈的精神，幼儿园就能确保每个想参加活动的人都参与进来。

与社区合作

让玛吉感到意外的是，社区居民对户外教室项目产生了浓厚的兴趣。为了获得正确的县级分区，需要召开几次社区会议，这为特别工作组提供了展示其愿景的机会。社区居民很高兴这块土地能在自然状态下被使用。玛吉制作了一个幻灯片，向董事会、县分区机构和家长、社区居民解释了户外教室的目标，并在不同场合进行了展示。这样，社区中的各个团体都收到了关于户外教室设立目标的统一信息。

一位成员使用木材建造了一个大型户外厨房。附近的木工俱乐部成员制作了标牌和儿童尺寸的户外桌子。此外，还有几个人帮忙在现有的场地上增添了菜园子。玛吉也对园所的环境有了新的想法。以前她会在大门外的花盆里种花，现在她很高兴能看到孩子们在这些花盆里播种。虽然孩子们几个月后才能看到花朵，但他们获得了真实且适时的体验。俱乐部也开始利用户外教室举办活动，这激发了俱乐部周围的社区居民用新的方式关爱自然，大家对在社区里种植植物尤为感兴趣。

玛吉的邻居参加了培训，她决定成立一个社交媒体小组，帮助社区居民更好地了解周围环境。在目睹孩子们向附近水库里的鸭子投掷石块后，她没有批评孩子们，而是成立了一个少年自然学家小组，为孩子们提供机会，让他们聚集在一起，更多地了解环境。在听到邻居抱怨附近的树木被砍伐后，该小组提供了有关入侵物种的信息。

社区居民如何谈论环境，会对人们如何认同其所在社区的自然环境产生巨大影响。社区合作是开办户外课堂不可或缺的一部分。来自不同背景和拥有不同经历的人走到一起，并不总是意见一致。在我们的小故事中，玛吉很有策略地招募了各种各样的人加入特别工作组。这种多样性催生了关于是否应开辟一条教育新径及其利弊的更为深入的讨论。通过这些对话，大家对户外教育的看法和态度有了积极的改变。

问题：反思与实践

- 在通过基于自然的 STEM 视角改造环境的过程中，你将扮演什么角色？
- 在你的环境中，在转向以 STEM 为重点的户外课堂或将以 STEM 为重点的户外学习引入室内方面存在哪些障碍？你将如何克服这些障碍？

- 实现目标需要哪些资源？培训？材料？资金？
- 对你所在的社区而言，关于 STEM 户外学习，哪些是最需要传达的理念？传达这些理念的有效方式是什么？

第八章

让户外课堂成为现实

　　有户外课堂的幼儿园界定空间的方法和在室内教室界定空间的方法很类似。界定空间是一种不用说话就能帮助孩子们理解分区、培养规则意识的途径。用纸、颜料和各种材料布置的艺术区，可以很直接地吸引孩子们前来创作。同样，用原木搭建的攀爬结构也能吸引孩子们攀爬、探索平衡和跳跃。摆放着铲子和水桶的地方可以吸引孩子们挖土，放在毯子上的书仿佛在对孩子们说"我们坐下来读书吧"。标

志和标签也是帮助划分区域和培养读写能力的绝佳物品。如何灵活地划分每个空间的界限基于个人选择。想想你在幼儿园教室里创建活动区和学习区的经验。在户外环境中,这些区域能有多大的吸引力?你可以将整个户外场地视为科学区、感官区或者建构区。

与教室里的活动相比,孩子们在户外的兴趣和技能发展会达到一个全新的高度。例如,天气助理可能负责数天上的云朵、检查雨量计里有多少水,或者报告风车是否因风而转动。你可以指定一名堆肥搅拌员(负责摇动堆肥翻抛机)或一名设备监督员(负责清点放大镜,以确保所有人在活动结束时归还放大镜)。这些角色都是真实的,在与环境互动的同时,这些工作也激发了 STEM 课程。孩子们很容易提出问题,自然而然地丰富学术词汇。传统的主题在户外环境中会展现出全新的样貌和深度。下文将介绍如何轻松地将室内学习区搬到户外。

将室内学习区搬到户外

传统的幼儿园教室为孩子们提供了各种探索空间和兴趣区。让我们看看如何在丰富的户外环境中提供相应的空间。

集体活动区

教室内的集体活动区通常有一块大地毯,孩子们可以聚集在这里听故事、上一堂简短的集体课或唱歌。户外集体活动区的标志物可以是铺在地上的毯子、围成一圈的原木或防风雨的坐垫。如果需要遮阳,可以在帐篷或树下划定空间。

图书区

室内图书区通常是一个舒适的空间,篮子里或书架上摆满了书,还有一些舒适的垫子供孩子们坐下。我们鼓励孩子们独自或与朋友依偎在一起,探索有趣的材料。这个区域很容易迁移到户外环境中。你

可以在帐篷里支起一个图书"角",放上一些防水坐垫,或者在树下铺毯子或防水布。图书可以放在篮子里,也可以放在木头或长凳上。教师们发现,最好每天都把书搬进室内干燥存放。就像在室内一样,在户外也要给孩子们提供虚构类或非虚构类图书,并根据孩子们的活动主题和兴趣进行轮换。一所幼儿园购买了有关当地鸟类、树木和花卉的塑封好的野外指南。这些野外指南非常受欢迎,因为上面有孩子们可以与他们所处环境相匹配的自然图片。由于是塑封的,指南可以存放在户外储藏区的防水盒中。

根据户外教室的位置,你可以投资购买营地推车,用来装不能在户外过夜的物品。最好是全地形的营地推车,甚至可以把它推去海滩的那种。一位教 3 岁孩子的教师,在实际使用推车时还教孩子们在步行的过程中抓住推车的两侧。这个有创意的想法有助于孩子们一起走,安全到达目的地。

建构区

在教室里,建构区摆放着各种大小的操作材料和木质积木。这个

区域可能比较嘈杂，因此通常会远离图书区等较安静的地方，并用书架和消音地毯进行区隔。在户外，积木塔倒塌的噪声不是问题。建构区可以摆放各种大小的木质积木，不用时就放在收纳箱里。随着季节的变化，还可以添加橡子或松果等天然材料和松散性材料。只要有一点想象力，木托盘就能变成木筏。孩子们可以用大木棍做桨，驶向下一个探险目的地。

在建构区使用纸箱也很有趣。和积木一样，它们也可以用来搭建结构。大纸箱是藏东西的好地方。如果天公不作美，一定要把它们拿到室内，或者放到回收箱里。湿漉漉的纸箱可不好捡！

角色扮演区

角色扮演区是幼儿园的传统区域，通常配备儿童厨房玩具、儿童大小的桌椅以及各种仿真食物和游戏用具。在户外厨房，可以用一个盆作为水槽，用树桩或原木作为桌椅，同时提供真实的用具、搅拌用的碗。"食物"可以是树枝、树叶、泥土和其他天然材料。泥馅饼，有人喜欢吗？厨房还可以是一个科学实验室，在这里孩子们可以做实验——毕竟，烹饪也是一门科学！

事实上，角色扮演游戏在整个户外课堂中都会出现，而且没有界限。孩子们会设想出自己的游戏情景，尝试使用他们听说过的词语

（现在他们正在角色扮演的安全空间里尝试使用这些词语）。通常，孩子们的游戏情景会重现现实生活中的部分经历，帮助他们思考别人的感受，这是培养同理心的重要机会。这可能是当教师最快乐的时光之一——窥见幼小心灵的想法。一位教师无意中看到一个孩子假装成妈妈，对她指定的"女儿"严肃地说："好好学习！"

沙水区

在室内，玩水桌必须摆放在硬地板上（不要铺地毯），便于孩子们接近水源和水槽。桌上通常摆放各种杯子和小容器，供孩子们用来探究水的奥秘。同样，玩沙桌通常也摆放在容易清扫掉落的沙子的地方，并摆放各种小玩具。

在户外，孩子们可以用水桶、喷壶和洒水器来玩水。他们可以创造"池塘"和"河流"。在温暖的月份里，玩水可以是孩子们全身心的体验。孩子们将使用工具把水从源头引到浇灌植物的地方。你可以在一个铺满沙子的大型户外场地上摆放一些工具，孩子们可以根据主题轮换使用这些工具。例如，在"桥"单元中，该区域可以摆满搭建桥梁的松散性材料。

挖掘也是一项很受欢迎的活动。坚固的儿童尺寸的铲子可以放在户外的储物箱里，每天都供儿童拿出来用。为了安全起见，应指定一个有标记的挖掘地点，以免整个区域都是洞。

艺术区

与玩水桌类似，幼儿园室内艺术区通常设置在地面易于清洁且有水的地方。室内艺术区通常会有一张桌子和画架，上面摆放着纸、颜料、胶带、胶水、黏土等美术材料。户外是艺术探索的灵感源泉。美术桌和画架可以很容易地摆放在户外，水滴和水溅都不是大问题。你可以在户外提供与室内相同的艺术材料。湿的作品可以挂在晾衣绳上或钉在栅栏上晾干。

科学区

通常，室内科学区只有一张摆放着贝壳、石头和放大镜的桌子。感官桌可以是科学区的一部分，也可以构成一个独立的区域。感官桌上通常摆满了可以触摸、闻、看、听和品尝（在成人的监督下）的物品。在户外，户外科学区自然也可以发挥感官桌的作用。户外科学区摆满了可供探索的物品，很可能会引发新的探究和学习。教师可以提供各种工具，如放大镜、镊子、记录观察结果的平板电脑、收集标本的容器、双筒望远镜、温度计等，让孩子们在户外环境中进行探究并解决问题。例如：是什么鸟发出的声音？我们怎样才能捕捉和观察一只昆虫并将它毫发无损地送回它的栖息地？这朵花闻起来是什么味道？

一日生活流程

教师们表示，在户外教室的时间似乎过得很快，尤其是在温暖的天气里。幼儿园可能需要改变时间安排，让孩子们有更多的时间在户外活动，或者让更多的班级使用这些空间。也许一个班级可以在户外而不是室内进行圆圈活动，或者一个班级可以把他们的艺术活动留到户外教室进行。为所有班级规划平等的机会需要创造力。如果只有一个班级使用户外教室，那么灵活性就更大了。

即使在最灵活的环境中，只要孩子们知道并理解常规，他们也会感到探索是安全的。你会在集体讨论前让孩子们自由游戏，还是会先统一介绍主题或讨论规则？你是面向全班读故事，还是根据孩子们的要求定期为小组读故事？画架随时都可以被使用，还是在某些时候不允许被使用？孩子们吃点心或午餐前在哪里洗手？卫生间离户外活动场地有多近？你计划如何分散孩子们？如果预报有雷雨怎么办？制订一些计划，以便在天气有变、孩子们需要迅速返回室内教室时，教职工知道该怎么做。

无论你的日程安排如何，都要尽可能保持主体环节的一致，以便孩子们和助教或志愿者知道该干什么。这样做的目的是为一天的活动制定一个合理的流程，尽可能减少过渡环节。

为了帮助你思考如何将儿童的学习扩展到户外空间，我们制订了一个户外单元计划（见附录B）。以下是一个示例，你可以了解如何制订计划。

单元/主题名称：我们世界中的昆虫和蜘蛛

户外学习的转变：孩子们可以在昆虫和蜘蛛的原始栖息地观察它们，了解这些生物对这些栖息地的自然影响。定期到同一户外区域观察昆虫和蜘蛛的自然生命周期。

主要教学概念：

1. 在自然界中，昆虫和蜘蛛就在我们身边。户外探索活动将帮助我们了解身边有哪些类型的昆虫和蜘蛛。

2. 孩子们将探索昆虫和蜘蛛的特征：昆虫和蜘蛛的基本组成部分是什么？它们吃什么？它们生活在哪里（栖息地）？它们如何移动？

3. 孩子们会比较昆虫和蜘蛛，并讨论它们的不同之处。

4. 孩子们将昆虫和蜘蛛的特征与自己的基本情况做对比——吃什么、住在哪里以及如何移动等。

5. 孩子们将了解昆虫和蜘蛛如何帮助人类，以及如何对人类造成伤害。

在本单元开始之前，请考虑：

→孩子们以前对昆虫和蜘蛛有哪些了解？

作为一项真实的共同协作活动，与孩子们一起制作 KWL① 图表。孩子们可以共同用笔写字或画图。即使是错误的信息也可以被记录在 "K：我们知道什么？" 一栏里。在本单元结束时，我们将重新审视这张图表，看看我们之前关于昆虫和蜘蛛的认识

---

① K 指我们知道什么（what do we **know**），W 指我们想知道什么（what do we **want** to know），L 指我们学到了什么（what did we **learn**）。——译者注

是否正确。

K：我们知道什么？	W：我们想知道什么？	L：我们学到了什么？
我们对昆虫和蜘蛛了解多少？	关于昆虫和蜘蛛，我们想知道什么？	我们学到了什么？我们认为自己知道的事情是正确的吗？
所有的虫子都会咬我们。昆虫和蜘蛛有很多条腿。蜜蜂酿蜜。	我们的户外有哪些昆虫？昆虫吃什么？蜘蛛如何织网？	蜘蛛有8条腿，昆虫有6条腿。蜜蜂会酿蜜。蜘蛛用喷丝孔结网。

→作为教师，你还需要提供哪些背景知识？

完成图表的"K：我们知道什么？"一栏后，你就会知道孩子们都知道什么。你也会了解他们需要强化哪些知识，需要弥补哪些差距，需要纠正哪些错误认知。

→关于昆虫和蜘蛛，你需要了解什么？你将如何填补知识空白？

作为成人学习者，你需要填写自己的 KWL 图表。关于你所在地区的昆虫和蜘蛛，你需要了解什么？互联网和当地图书馆都是很好的资源来源。

→为支持本单元/主题，你将做哪些示范或思考？

完成图表的"K：我们知道什么？"和"L：我们学到了什么？"两栏后，思考一下你将要教授的概念。你需要解释哪些比较抽象的概念并做出示范？

→你将提出哪些问题来促进孩子们对该主题的批判性思考？（从简单到复杂）

- 蜘蛛有多少条腿？

- 蜜蜂吃什么?
- 蝉的栖息地在哪里?
- 如何区分昆虫和蜘蛛?
- 蜜蜂为什么会蜇人?
- 被蜜蜂蜇了怎么办?
- 昆虫会造成什么问题?
- 昆虫如何帮助我们?
- 如果你是昆虫,你会住在哪里?为什么?
- 你能发明什么工具像蜘蛛一样织网?

与规定课程标准的联系:

→英语语言艺术

- 有目的地阅读各种文本(如各种结构和体裁的文本),以帮助理解。
- 展示对口语单词、音节和声音(音素)的理解。
- 语音意识:识别口语中的押韵词。
- 写作:在成人的示范、指导和支持下,练习绘画、听写或开展具有发展适宜性的写作活动。
- 积累学术词汇:昆虫、蜘蛛、蛛形纲动物、头、触角、胸部、腹部、腿、嘴、翅膀、网、喷丝孔、卵、未成熟的、成年的、食物、植物、茎、种子、花、猎物。

→数学

计数和基数、数名、计数序列、一一对应、几何。

→科学
- 展示科学实践中蕴含的思维和行动能力。
- 对周围的世界提出问题,并愿意通过仔细观察和发现来寻求答案。
- 运用科学技能和过程解释环境因素(生物和非生物)之间的相互作用,并基于从地方到全球的视角分析其影响。

→美术
- 在美术创作中展示组织知识和表达想法的能力。
- 通过观察创造图像和创新艺术形式。

→社会基础
- 发起并保持积极的互动(交谈、玩耍)。
- 与他人合作游戏或工作。
- 通过不同的见解和知识,在游戏中表达有关昆虫的全新理解并从中获益。

选择书籍、视频、实物和可视化材料来教授新概念

→叙事文学

Aardema, Verna. 1975. *Why Mosquitos Buzz in People's Ears: A West African Tale*. New York: Dial Books for Young Readers.

Bunting, Eve. 1999. *Butterfly House*. New York: Scholastic.

Carle, Eric. 1999. *The Very Clumsy Click Beetle*. New York: Philomel.

Carle, Eric. 1995. *The Very Busy Spider*. New York: Philomel.

Dean, James. 2018. *Pete the Cat and the Cool Caterpillar*. New York: HarperCollins.

McDermott, Gerald. 1987. *Anansi the Spider: A Tale from the Ashanti*. New York: Henry Holt.

Moreton, Daniel. 1999. *La Cucaracha Martina: A Caribbean Folktale*. Turtle Books.

Pinczes, Elinor. 1999. *One Hundred Angry Ants*. New York: HMH Books for Young Readers.

Provost, Elizabeth. 2005. *Ten Little Sleepyheads*. New York: Bloomsbury USA.

Yuly, Toni. 2015. *Early Bird*. New York: Feiwel and Friends.

→信息文献

Gibbons, Gail. 2013. *Ladybugs*. New York: Holiday House.

Gleason, Carrie. 2015. *Everything Insects*. Washington, DC: National Geographic Society.

Marsh, Laura. 2011. *Spiders*. Washington, DC: National Geographic Society.

Mayerling, Tim. 2018. *I See Insects*. New York: Tadpole Books.

McGavin, George. *Insects, Spiders, and Other Terrestrial Arthropods*. Smithsonian Handbooks series. New York: Dorling Kindersley.

Platnick, Norman. 2020. *Spiders of the World: A Natural History*. Princeton, NJ: Princeton University Press.

Rau, Dana Meachen. 2012. *Making Butterfly Gardens*. Ann Arbor, MI: Cherry Lake Publishing.

Sill, Cathryn. 2003. *About Insects: A Guide for Children*. Atlanta, GA: Peachtree Publishing.

Titmus, Dawn. 2018. *Insect and Spiders*. New York: PowerKids

Press.

→实物或可视化材料

　　昆虫和蜘蛛模型、真实昆虫的样本/图片/照片（包括本地昆虫和其他地区的昆虫）

→探索工具

　　托盘、放大镜、镊子、用于拍照的平板电脑、日记本、观察检查表、纸板夹、白板、书写材料

突出与真实文化的联系（"镜子"和"窗户"）
→本单元/主题的"镜子"（反映班级儿童情况的资源）

　　请务必结合儿童的背景经验举例说明。例如，如果你位于马里兰州，请加入马里兰州不同地区（包括你的户外教室所在的地区）的昆虫和蜘蛛的实物或图片。这些都是反映你现在所在位置的"镜子"。此外，可以加入你的家人所在地区的不同昆虫和蜘蛛的实物或图片。例如，如果你的家人来自旧金山湾区、布鲁克林区、萨尔瓦多山区和津巴布韦的哈拉雷市，请对这些地区的昆虫和蜘蛛做一些研究，并附上这些昆虫和蜘蛛的实物或图片。在互联网时代，这很容易做到。这将为这些地区的儿童提供一面"镜子"。

→本单元/主题的"窗户"（照亮世界的资源）

　　你所在地区（包括你的户外教室所在的地区）不同昆虫和蜘蛛的实物或可视化材料，也是孩子们了解当地的一扇"窗户"。此外，可以将你家所在地区的昆虫和蜘蛛的实物或可视化材料加

进来。这将为全班学生提供一扇了解世界的"窗户"。

→本单元/主题的实践经验（为每个要教授的概念至少提供一种实践经验）

- 调查追踪：在对孩子们进行安全指导（针对昆虫和蜘蛛）后，他们将使用观察工具探索户外环境。他们将通过各种方式（如画图、填写检查表、拍照等）记录自己的发现，并以班级为单位进行汇总。在教师的指导下，孩子们将根据各种属性（如昆虫和蜘蛛的数量、带翅膀的昆虫、不同颜色的昆虫等）制作一日图表。这些内容可以供孩子们在一段时间内进行比较。
- 移动/运动：在原始栖息地观察昆虫和蜘蛛后，孩子们会动脑思考昆虫是如何移动的。在教师的帮助下，全班将制作昆虫/蜘蛛运动卡片。每张卡片都将包含动作的图标和单词。例如："飞"这个词的旁边是翅膀的图标，当孩子们看到这张卡片时，他们就会挥舞胳膊模仿"飞"的动作；"嗡嗡"这个词的旁边是蜜蜂的图标，以此类推。孩子们可以轮流带领其他人模仿昆虫和蜘蛛的动作。
- 昆虫和蜘蛛诗歌：以小组为单位，用关于昆虫和蜘蛛的词汇表创作简单押韵的诗歌。让孩子们画图并向成人口述自己的诗歌。
- 户外写作区的词汇表：在白板上张贴与昆虫和蜘蛛有关的单词。当孩子们学到新单词时，就将其添加到词汇表中。这将有助于孩子们写日记。
- 户外艺术区：在艺术区添加昆虫和蜘蛛的图片。孩子们可以创作艺术作品，并向成人口述他们的作品。

支持本单元／主题的实地考察、客座演讲等

一位当地的养蜂人来到户外教室，向大家介绍她的装备以及如何采集和加工蜂蜜。

支持家长与孩子一起探索本单元

每周，在班级博客中：

- 分享你将在昆虫和蜘蛛单元中教授的基本概念。
- 邀请家长参观户外教室，分享他们所掌握的有关昆虫和蜘蛛的信息。
- 分享书单，鼓励家长去图书馆借阅更多有关昆虫和蜘蛛的图书和录像带。
- 向家长讲解如何带孩子进行户外探索并收集有关昆虫和蜘蛛的资料。
- 分享当地社区学院生物科学系的开放日活动，包括参观他们收藏的昆虫和蜘蛛标本。
- 邀请家长到户外场地参加虫虫舞会。孩子们可以分享他们的作品、故事、图表，以及模仿昆虫和蜘蛛的动作。
- 提供"木头上的蚂蚁"（芹菜、奶酪和葡萄干）和"蜘蛛汁"。（让孩子们根据所学到的有关蜘蛛的知识研发食谱。）

孩子们将如何展示他们所学到的有关该主题的知识？他们将如何与他人分享知识？

孩子们将在日记和每周昆虫／蜘蛛观察检查表中分享他们对昆虫和蜘蛛的认识。这也将展示他们正在发展的阅读和写作能力。

> 需要哪些翻译？用什么语言翻译？
>
> 三名儿童及其家长的第一语言是西班牙语（在萨尔瓦多使用），两名儿童的第一语言是法语（在海地使用）。

总 结

正如我们在阅读本书的过程中发现的，通过 STEM 视角和以自然为基础的教育实践开展户外教育有很多好处。你可以达到标准，教授必修课程，并为代表性不足的群体提供机会，让他们看到自己完全有能力参与 STEM 活动，并在日后从事与 STEM 相关的职业。研究表明，将 STEM 融入户外活动有很多好处，而且这对孩子们来说非常重要。我们需要努力让所有儿童都有机会参与，并消除参与的障碍。

有了关于户外教育和 STEM 的新知识，请花点时间思考一下：你已经在做哪些基于自然的工作？你是如何将 STEM 融入课堂的？如何将你正在做的事情转移到户外？你在开展这类课程时遇到了哪些障碍？如何采取措施消除这些障碍？

我们希望这本书能帮助你揭开 STEM 基本构成的神秘面纱，并启发和激励你继续开展更有意义、更适合儿童发

展的户外学习活动。不要害怕。请记住，你不必做所有的事情。你所采取的任何措施都将使孩子们受益。以 STEM 为视角的户外教育以儿童早期教育理论为基础，可以让我们回到儿童活动场地中适合儿童发展的实践之根，让儿童在这里茁壮成长。

附 录

附录 A 关于四个 C 的自我评估

以下自我评估旨在帮助教师和管理人员了解户外场域中的 21 世纪学习和创新技能。教师们可能会发现，在自我评估之后进行小组讨论，可以帮助他们集中精力研究创新的方法，并且通过团队合作，将当前的课程转变为更真实、更有价值的户外 STEM 体验。

请尽可能诚实地回答下列问题。

沟通

- 我是否愿意在户外做更多的监管工作？
- 当班上的孩子在玩耍和探索时，我会倾听他们的声音吗？
- 我是否向孩子们复述我听到的内容，以确保我对他们的理解是正确的？
- 我是否通过记录孩子们所说的话，然后读给他们听，来示范读写能力对 STEM 学习的重要性？
- 我是否对双语学习者有耐心，并让他们通过动手的机会来交流？
- 我是否与家长分享有趣的户外发现，以及这些发现与州标准的一致性？
- 我是否用 STEM 词语讲述孩子们的游戏，帮助他们理解 STEM？

协作

- 我是否让孩子们参与制定户外教室的规则或流程?
- 我是否允许其他教师、家长和社区居民帮助我?
- 我是否有目的地寻找与我不一样的人开展合作,以便获得更多不同的观点?
- 我是否允许并鼓励孩子们合作完成一个项目?
- 我是否鼓励孩子们向同伴求助或为同伴提供帮助?

创造力

- 我是否为户外教学准备好了适当的装备,以应对脏乱或天气变化?
- 我检查过户外空间是否存在可能伤害儿童的危险吗?
- 我是否允许班上的孩子玩耍?
- 我是否能够谈论 STEM 中的创造性?
- 我知道如何转变课程,让它更接纳创造性表达吗?
- 我鼓励孩子们通过美术、音乐或舞蹈分享他们的知识吗?
- 我是否为建构区的新建筑或沙箱中的新创造喝彩?

批判性思维

- 我对新观点表示赞赏吗?
- 我是否会提出开放式的问题?
- 我对自己生活中的学习持开放态度吗?
- 我是否向儿童展示 STEM 如何帮助我们找到难题的答案?
- 我是否赞美孩子们用不同的方式获得类似的答案?
- 我是否当着孩子们的面在互联网上查找问题的答案,或谈论图书馆之旅，以示范如何开展研究？
- 我愿意与班上的孩子一起成长吗？
- 我是否接受并不是所有问题都有答案？

想法、信念或偏好

圈出最符合你的想法、信念或偏好的答案，并补充对开放式问题的回答。你的答案揭示了哪些方面？

STEM 教学

- 我有信心在室内教授 STEM，因为……
- 我有信心在户外教授 STEM，因为……
- 我有信心在室内和户外教授 STEM。
- 我对 STEM 教学没有信心，因为……

游戏

- 我在户外和室内提供游戏化的学习体验。
- 我只在户外提供游戏化的学习体验。
- 我只在室内提供游戏化的学习体验。

儿童能动性

- 我更喜欢给孩子们提供选择，让他们从各种活动中做出选择。
- 我通过观察孩子们的兴趣程度来决定活动时间的长短。
- 如果孩子们感兴趣，我愿意延长某个单元的学习时间。
- 我喜欢严格遵守时间表，这样我就能确保有时间完成我计划的所有活动。

个人偏好

- 我喜欢在室内学习。
- 我喜欢在户外学习。
- 我喜欢使用经过长期检验的教案。
- 我喜欢尝试新的教案。
- 我喜欢穿着得体的衣服教学，因为……
- 我喜欢穿着休闲的衣服教学，因为……
- 我喜欢在音乐声中学习。
- 我喜欢在安静的环境中学习。

在我的童年时

- 我花了很多时间在外面玩。
- 我花了一点时间在外面玩。
- 我不能在外面玩。
- 我过去的经历会如何影响我的户外教学？

附录 B　户外单元计划

单元 / 主题名称：

话题：

列出要教授的主要概念。

你需要提供哪些额外的背景知识？你需要学习什么？

与规定课程标准的联系：

- 强调学术词汇。本单元 / 主题词汇：

- 示范并展现你的思考。为支持本单元 / 主题，你将做哪些示范或思考？你将提出哪些问题来促进孩子们对该主题的批判性思考？

- 选择书籍、视频、实物和可视化材料来教授新概念。
  - 本单元 / 主题的书籍或视频：

  - 叙事文学

- 信息文献

- 实物或可视化材料

- 突出与真实文化的联系("镜子"和"窗户")
  - 本单元/主题的"镜子"(反映班级儿童情况的资源)

  - 本单元/主题的"窗户"(照亮世界的资源)

- 提供动手操作的实践性学习体验
  - 本单元/主题的实践经验(为每个要教授的概念至少提供一种实践经验):

  - 支持本单元/主题的相对独立的户外区域体验:

  - 支持本单元/主题的实地考察、客座演讲等:

- 寻求额外的户外课堂支持。在本单元/主题中，你可以向谁寻求帮助？他们能如何帮助你？

- 支持家长与孩子一起探索本单元
    - 你将如何在本单元/主题方面为家长提供支持（简报、在线链接、书籍、其他资源）？

    - 孩子们将如何展示他们所学到的有关该主题的知识？他们将如何与他人分享知识？

需要哪些翻译？用什么语言翻译？
- 课程安排：

  第一周
    - 周一
    - 周二
    - 周三
    - 周四
    - 周五

参考文献和相关资源

Adams, Anne, et al. 2014. "Supporting Elementary Pre-Service Teachers to Teach STEM through Place-Based Teaching and Learning Experiences." *Electronic Journal of Science Education* (18)5.

Amelia. 2018. "The Benefits of Play Kitchens for Children." Early Years Resources.

Ardoin, Nicole M., and Alison W. Bowers. 2020. "Early Childhood Environmental Education: A Systematic Review of the Research Literature." *Education Research Review* 31: 1–16.

Barrable, Alexia, and Liz Lakin. 2020. "Nature Relatedness in Student Teachers Perceived Competence in Willingness to Teach Outdoors: An Empirical Study." *Journal of Adventure Education and Outdoor Learning* 20(3): 189–201.

Alesi, Marianna, et al. 2014. "Improvement of Gross Motor and Cognitive Abilities by an Exercise Training Program: Three Case Reports." *Neuropsychiatric Disease and Treatment.* 10: 479–485.

Alesi, Marianna, et al. 2016. "Improving Children's Coordinative Skills and Executive Functions: The Effects of a Football Exercise Program." *Perceptual and Motor Skills* 122(1): 27–46.

Battaglia, Giuseppe, et al. 2019. "The Development of Motor and Pre-literacy Skills by a Physical Education Program in Preschool Children: A Non-Randomized Pilot Trial." *Frontiers in Psychology* 9: 2694.

Beery, Thomas, and Kari Anne Jørgensen. 2016. "Children in Nature: Sensory Engagement and the Experience of Biodiversity." *Environmental Education Research* 24(1): 13–25.

Bilton, Helen. 2018. "Values Stop Play? Teachers' Attitudes to the Early Years Outdoor Environment." *Early Child Development and Care* 190(1): 12–20.

Black, Maureen, et al. 2017. "Advancing Early Childhood Development: From Science to Scale 1: Early Childhood Development Coming of Age: Science through the Life Course." *Lancet* 389(10064): 77–90.

Braun, Tina, and Paul Dierkes. 2017. "Connecting Students to Nature—How Intensity of Nature Experience and Student Age Influence the Success of Outdoor Education Programs." *Environmental Education Research* 23(7): 937–949.

Bredekamp, Sue. 2017. *Effective Practices in Early Childhood Education: Building a Foundation.* 3rd ed. Boston: Pearson.

Burry, Madeleine. (2018). "Why Art Was Added to Science, Technology, Engineering, and Math." NYMetroParents.

CAST. 2018. *Universal Design for Learning Guidelines*. Version 2.2. The UDL Guidelines.

Callcott, Deborah, Lorraine Hammond, and Susan Hill. 2018. "The Synergistic Effect of Teaching a Combined Explicit Movement and Phonological Awareness Program to Preschool Aged Students." *Early Childhood Education Journal* 43(3): 201–211.

Chang, Ya-Ning, et al. 2020. "The Relationships between Oral Language and Reading Instruction: Evidence from a Computational Model of Reading." *Cognitive Psychology* 123: 101336.

Christenson, Lea Ann, and Jenny James. 2015. "Building Bridges to Understanding in the Pre-K Block Center: A Morning in the Block Center." *Young Children* 70(1): 26–28, 31.

Christenson, Lea Ann, and Jenny James. 2020. "Transforming Our Community with STEAM." *Young Children* 75(2): 6–14.

Collier, Ellie. 2018. "The Kitchen Hierarchy Explained: What Is the Brigade de Cuisine?" High Speed Training.

DeMeulenaere, Michelle. 2015. "Promoting Social and Emotional Learning in Preschool." *Dimensions of Early Childhood* 43(1): 8–10.

Dennis, Samuel, and Christine Kiewra. 2018. "Studying Nature-Based Outdoor Classrooms." *Exchange* 40(2): 72–74.

Dewar, Gwen. 2016. "Learning by Doing: How Outdoor Play Prepares Kids for Achievement in STEM. Natural Start Alliance.

Dilek, Hasan, et al. 2020. "Preschool Children's Science Motivation and Process Skills during Inquiry-Based STEM Activities." *Journal of Education in Science,*

Environment, and Health 6(2): 92–104.

Duff, Dawna, J. Bruce Tomblin, and Hugh Catts. 2015. "The Influence of Reading on Vocabulary Growth: A Case for a Matthew Effect." *Journal of Speech, Language, and Hearing Research* 58(3): 853–864.

Durlak, Joseph A., et al. 2011. "The Impact of Enhancing Students' Social and Emotional Learning: A Meta-Analysis of School-Based Universal Interventions." *Child Development* 82(1): 405–432.

Early Childhood Today. 2000. "Pioneers in Our Field: John Dewey—Father of Pragmatism." *Early Childhood Today.* Scholastic.

Elkind, David. 2015. *Giants in the Nursery: A Biographical History of Developmentally Appropriate Practice.* St. Paul, MN: Redleaf.

Ernst, Julie. 2014. "Early Childhood Educators' Use of Natural Outdoor Settings as Learning Environments: An Exploratory Study of Beliefs, Practices, and Barriers." *Environmental Education Research* 20(6): 735–752.

Erwin, Elizabeth J. 2017. "Transparency in Early Childhood Education: What the West Can Learn from Australia's Focus on Well-Being." *Global Education Review* 4(3): 56–69.

Fernández Santín, Mercè, and Maria Feliu Torruella. 2017. "Reggio Emilia: An Essential Tool to Develop Critical Thinking in Early Childhood." *Journal of New Approaches in Educational Research* 6(1): 50–56.

Fernández-Santín, Mercè, and Maria Feliu Torruella. 2020. "Developing Critical Thinking in Early Childhood through the Philosophy of Reggio Emilia." *Thinking Skills and Creativity* 37.

First Nations Child and Family Caring Society of Canada. 2017. "Indigenous Children, Youth, and Families in the Next 150 Years." *First Peoples Child and Family Review* 12(2): 1–38.

Flores-Koulish, Stephanie. 2019. "John Dewey, 1859–1952, and His Huge Educational Legacy." Lecture. Philosophy, History and Reforms in Education, Fall Semester. Baltimore, MD: Loyola University.

Gardner, Howard. 1983. *Frames of Mind: The Theory of Multiple Intelligences.* New York: Basic Books.

Goff, Lori S. 2018. "Public Elementary School Teachers' Experiences with

Implementing Outdoor Classrooms." PhD Diss. Walden University.

Government of Canada. 2018. *Indigenous Early Learning and Child Care Framework*. Employment and Social Development Canada, Government of Canada.

Gurholt, Kirsti P., and Jostein R. Sanderud. 2016. "Curious Play: Children's Exploration of Nature." *Journal of Adventure Education and Outdoor Learning* 16(4): 318–329.

Hall, McClellan. 2007. "Mentoring the Natural Way: Native American Approaches to Education." *Reclaiming Children and Youth* 16(1): 14–16.

Haugen, Kirsten. 2019. "Bringing the Benefits of Nature to All Children." *The Active Learner* Spring: 12–13.

Hewlett Foundation. 2013. "Deeper Learning Competencies." Hewlett Foundation.

Hirschmann, Kris. 2019. *Forest Club: A Year of Activities, Crafts, and Exploring Nature*. London, UK: Quarto Publishing.

Hovardas, Tasos. 2016. "Primary School Teachers and Outdoor Education: Varying Levels of Teacher Leadership in Informal Networks of Peers." *Journal of Environmental Education* 47(3): 237–254.

Hugo, Taylor. 2021. "Nature's Classroom." *Viking* (September): 13–17.

Huitt, William, and John Hummel. 2003. "Piaget's Theory of Cognitive Development." *Educational Psychology Interactive*. Valdosta, GA: Valdosta State University.

Hunter, Joshua, Cherie Graves, and Anne Bodensteiner. 2017. "Adult Perspectives on Structured vs. Unstructured Play in Early Childhood Environmental Education." *International Journal of Early Childhood Environmental Education* 5(1): 89–92.

Inan, Hatice Z. 2021. "Understanding the Reggio Emilia-Inspired Literacy Education: A Meta-Ethnographic Study." *International Journal of Curriculum and Instruction* 13(1): 68–92.

International Society for Technology in Education. n.d. "Standards for Students." ISTE.

James, V. Angela, Chloe Dragon-Smith, and Wendy Lahey. 2019. "Indigenizing Outdoor Play." Encyclopedia on Early Childhood Development.

Jang, Hyewon. 2016. "Identifying 21st Century STEM Competencies Using Workplace Data." *Journal of Science Education and Technology* 25(2): 284–301.

Johnson, Tony, and Ronald Reed. 2012. "John Dewey." *Philosophical Documents in Education*. 4th ed. New York: Pearson.

Joubert, Ina, and Giulietta Harrison. 2021. "Revisiting Piaget, His Contribution To South African Early Childhood Education." *Early Child Development and Care* 198(7–8): 1002–1012.

Kahn, Peter, Thea Weiss, and Kit Harrington. 2018. "Modeling Child-Nature Interaction in a Nature Preschool: A Proof of Concept." *Frontiers in Psychology* 9: 835.

Karakiş, Özlem, K. 2021. "Relationship Between Professional Engagement, Career Development Aspirations, and Motivation Towards the Teaching Profession of Prospective Teachers." *Participatory Educational Research* 8(2): 308–329.

Karlsson, Anneli B. 2017. "'It Vapors Up Like This': Children Making Sense of Embodied Illustrations of Evaporation at a Swedish School." *International Journal of Early Childhood Environmental Education* 5(1): 39–54.

Kiewra, Christine, and Ellen Veselack. 2016. "Playing with Nature: Supporting Preschoolers' Creativity in Natural Outdoor Classrooms." *International Journal of Early Childhood Environmental Education* 4(1): 70–95.

Kliebard, Herbert M. 2004. *The Struggle for the American Curriculum, 1893–1958*. 3rd ed. New York: Routledge.

Ladson-Billings, Gloria. 2020. "Building Culturally Relevant Schools Post Pandemic." PBS Wisconsin Education.

Larimore, Rachel A. 2018. "Using Principles of Nature-Based Preschools to Transform Your Classroom." *Young Children* 73(5): 34–41.

Lindeman, Karen W., Michael Jabot, and Mira T. Berkley. 2014. "The Role of STEM (or STEAM) in the Early Childhood Setting." In *Learning across the Early Childhood Curriculum*. Advances in Early Education and Day Care, Vol. 17. Bingley, UK: Emerald Group.

Lloyd, Amanda, Son Truong, and Tonia Gray. 2018. "Place-Based Outdoor Learning: More Than a Drag and Drop Approach." *Journal of Outdoor and Environmental Education* 21(1): 45–60.

Louv, Richard. 2021. "Outdoors for All: Access to Nature Is a Human Right." Child and Nature Network.

Luff, Paulette. 2018. "Early Childhood Education for Sustainability: Origins and Inspirations in the Work of John Dewey." *International Journal of Primary, Elementary and Early Years Education* 46(4): 447–455.

Mahoney, Joseph L., Joseph A. Durlak, and Roger P. Weissberg. 2018. "An Update on Social and Emotional Learning Outcome Research." *Phi Delta Kappan* 100(4): 18–23.

Malone, Karen, and Sarah J. Moore. 2019. "Sensing Ecologically through Kin and Stones." *The International Journal of Early Childhood Environmental Education* 7(1): 8–25.

Marin, Ananda, and Megan Bang. 2018. "'Look it, this is how you know': Family Forest Walks as a Context for Knowledge-Building about the Natural World." *Cognition and Instruction* 36(2): 89–118.

Maryland State Department of Education. 2003. *Maryland Early Learning Standards*. Maryland State Department of Education, Division of Early Childhood Development.

McClure, Elisabeth R., et al. 2017. *STEM Starts Early: Grounding Science, Technology, Engineering, and Math Education in Early Childhood*. New York: The Joan Ganz Cooney Center at Sesame Workshop.

McLeod, Scott, and Julie Graber. 2019. *Harnessing Technology for Deeper Learning*. Bloomington, IN: Solution Tree Press.

McLeod, Scott, and Dean Shareski. 2018. *Different Schools for a Different World*. Bloomington, IN: Solution Tree Press.

McNair, Lynn J., and Sacha Powell. 2020. "Friedrich Froebel: A Path Least Trodden." *Early Child Development and Care* 191(7–8): 1175–1185.

Melton, Marissa. 2021. "US Ranger on Mission to Attract More African Americans to National Parks." Voice of America.

Mika, Carl, and Georgina Stewart. 2018. "What Is Philosophy for Indigenous People, in Relation to Education?" *Educational Philosophy and Theory* 50(8): 744–746.

Moir, Hughes, ed. 1990. *Collected Perspectives: Choosing and Using Books for the Classroom*. 2nd edition. Norwood, MA: Christopher-Gordon Publishers.

Moller, Karla J. 2016. "Creating Diverse Classroom Literature Collections Using Rudine Sims Bishop's Conceptual Metaphors and Analytical Frameworks as Guides." *Journal of Children's Literature* 42(2): 64–74.

Montessori, Maria. 1950. *The Discovery of the Child*. The Montessori Series Vol. 2. M. Joseph Castelloe, trans. The Netherlands: Montessori-Pierson Publishing.

Montessori, Maria. 1972. *The Secret of Childhood*. New York: Ballantine.

Montessori, Maria. 2013. "Nature in Education." *NAMTA Journal* 38(1): 21–27.

Moomaw, Sally. 2012. "STEM Begins in the Early Years." *School Science and Mathematics* 112(2): 57–58.

Moss, Peter. 2016. "Loris Malaguzzi and the Schools of Reggio Emilia: Provocation and Hope for a Renewed Public Education." *Improving Schools* 19(2): 167–176.

National Academies Press. 2013. *Next Generation Science Standards: For States, By States*. Washington, DC: National Academies Press.

National Association for the Education of Young Children. 2014. "NAEYC Early Childhood Program Standards and Accreditation Criteria and Guidance Assessment." Washington, DC: NAEYC.

National Association for the Education of Young Children. 2019. *NAEYC Early Childhood Program Accreditation Standards and Assessment Items*. Washington, DC: NAEYC.

National Governors Association Center for Best Practices and Council of Chief State School Officers. 2010. *Common Core State Standards*. Washington, DC: National Governors Association Center for Best Practices and Council of Chief State School Officers.

National Research Council. 2012. *A Framework for K–12 Science Education: Practices, Crosscutting Concepts, and Core Ideas*. Washington, DC: National Academies Press.

Natural Start. 2013. "Bright Ideas: Making Mud Kitchens." Natural Start Alliance.

Niles, Michael D., and Lisa G. Byers. 2008. "History Matters: United States Policy and Indigenous Early Childhood Intervention." *Contemporary Issues in Early Childhood* 9(3): 191–201.

Okur-Berberoglu, Emel. 2021. "Some Effects of Unstructured Outdoor Plays on a Child: A Case Study from New Zealand." *International Electronic Journal of Environmental Education* 11(1): 58–78.

Pelo, Ann. 2014. "Finding the Questions Worth Asking." *Exchange* 36(1).

Piaget, Jean, and Bärbel Inhelder. 1969. *The Psychology of the Child*. Trans. by Helen Weaver. London: Routledge.

Ramsook, K. Ashana, Janet A. Welsh, and Karen L. Bierman. 2020. "What You Say, and How You Say It: Preschoolers' Growth in Vocabulary and Communication Skills Differentially Predict Kindergarten Academic Achievement and Self-Regulation." *Social Development* 29(3): 783–800.

Reed, Jolene, and Elizabeth L. Lee. 2020. "The Importance of Oral Language Development in Young Literacy Learners: Children Need to Be Seen and Heard." *Dimensions of Early Childhood* 48(3): 6–9.

Redford, Mark. 2013. "Piaget, Vygotsky, and Forest School." Nest in the Woods.

Robertson, Brye. 2019. *Indigenous Ways of Knowing: The Early Learning Perspective*. Association of Early Childhood Educators of Alberta.

Rohde, Leigh. 2015. "The Comprehensive Emergent Literacy Model: Early Literacy in Context." SAGE Open: 5(1).

Rosen, Michael, and Helen Oxenbury. 2003. *We're Going on a Bear Hunt*. New York: Aladdin.

Sabet, Michelle. 2018. "Current Trends and Tensions in Outdoor Education." *BU Journal of Graduate Studies in Education* 10(1): 12–16.

Saracho, Olivia N., and Roy Evans. 2021. "Early Childhood Education Pioneers and Their Curriculum Programs." *Early Child Development and Care* 191(7–8): 1144–1151.

Scott, Lee A. 2017. *21st Century Learning for Early Childhood Framework*. Hilliard, OH: Battelle for Kids.

Shechter, Taly, Sigal Eden, and Ornit Spektor-Levy. 2021. "Preschoolers' Nascent Engineering Thinking During a Construction Task." *Journal of Cognitive Education and Psychology* 20(2): 83–111.

Smith, Cristy S. 2021. "Book Review: *John Dewey's Imaginative Vision of Teaching: Combining Theory and Practice* by Deron Boyles." *Curriculum and Teaching Dialogue* 23(1/2): 309–312.

Son, Seung-Hee, and Samuel J. Meisels. 2006. "The Relationship of Young Children's Motor Skills to Later Reading and Math Achievement." *Merrill-Palmer Quarterly* 52(4): 755–778.

Spring, Joel. 2016. *Deculturalization and the Struggle for Equality: A Brief History of the Education of Dominated Cultures in the United States*. 8th ed. New York: Routledge.

Stine, Matt, and Elisabeth Weinberg. 2018. *Little Chef.* New York: Feiwel and Friends.

Stoll, Julia, et al, 2012. "Young Thinkers in Motion: Problem Solving and Physics in Preschool." *Young Children* 67(2): 20–26.

Strachan, Andrea, et al. 2017. "Early Childhood Educator Perspectives on the First Year of Implementing an Outdoor Learning Environment in Singapore." *Learning: Research and Practice* 3(2): 85–97.

Streelasky, Jodi. 2019. "A Forest-Based Environment as a Site of Literacy and Meaning Making for Kindergarten Children." *Literacy* 53(2): 95–101.

Suggate, Sebastian, Eva Pufke, and Heidrun Stoeger. 2019. "Children's Fine Motor Skills in Kindergarten Predict Reading in Grade 1." *Early Childhood Research Quarterly* 47: 248–258.

Taylor, Heather B. 2019. "From Fear to Freedom: Risk and Learning in a Forest School." *Young Children* 74(2).

Tinkergarten. 2019. "Set Up an Outdoor Kitchen." Tinkergarten.

Tovey, Helen. 2017. *Outdoor Play and Exploration.* London, UK: Froebel Trust.

United Nations. 2021. "Indigenous Peoples at the United Nations." United Nations, Department of Economic and Social Affairs, Indigenous Peoples.

Vahey, Phil, Regan Vidiksis, and Alexandra Adair. 2019. "Increasing Science Literacy in Early Childhood: The Connection between Home and School." *American Educator* 42(4): 17–21.

van der Fels, Irene M. J., et al. 2019. "Relations between Gross Motor Skills and Executive Functions, Controlling for the Role of Information Processing and Lapses of Attention in 8–10-Year-Old Children." *PLoS ONE* 14(10): 1–16.

van der Wilt, Femke, Chiel van der Veen, and Sarah Michaels. 2022. "The Relation between the Questions Teachers Ask and Children's Language Competence." *The Journal of Education Research* 115(1): 64–74.

Vygotsky, Lev S. 1978. *Mind in Society: The Development of Higher Psychological Processes.* Cambridge, MA: Harvard University Press.

Wang, Jennifer, et al. 2013. "Ingenuity in Action: Connecting Tinkering to Engineering Design Processes." *Journal of Pre-College Engineering Education Research* 3(1): Article 2.

Warner, Robert P., and Cindy Dillenschneider. 2019. "Universal Design of Instruction and Social Justice Education: Enhancing Equity in Outdoor Adventure Education." *Journal of Outdoor Recreation, Education, and Leadership* 11(4): 320–334.

Webber, Geoff, et al. 2021. "The Terrain of Place-Based Education: A Primer for Teacher Education in Canada." *Brock Education: A Journal of Educational Research and Practice* 30(1): 10–29.

Yurumezoglu, Kemal, and Merve Oztas Cin. 2019. "Developing Children's Observation Skills Using a Fractal Pattern from Nature." *Science Activities* 56(2): 63–73.

Zeng, Nan, et al. 2017. "Effects of Physical Activity on Motor Skills and Cognitive Development in Early Childhood: A Systematic Review." *BioMed Research International* 2017(1): 1–13.